JN101130

「顧客目線」「嗅覚」がカギ！

選ばれる税理士の“回答力”

飯田真弓
＋
Credo 税理士法人

清文社

はじめに

――もしもし、先生いる？

――はっ、先生って…。

――先生だ、何度も言わせるな。

――あっ、えっと～。先生は、外出してるみたいです。

――なにぃ、またいないのか。

――あのぉ～、どちら様でしょうか。

――どちら様…？　何年、お宅のお客やってると思ってるんだ。私のことがわからないのか。

――ぼっ、いっ、いえ、私、今日、こちらに入ったばかりでして…。

――そんなことは聞いてない。まずは、先生の不在を謝るべきだろぅ。事務員の教育もできてないのかっ、この事務所は。

――すっ、すいません。

――もういい。じゃあ、先生に伝言しておけ。

――はい…。

――今月で顧問契約を打ち切る。それだけだ。わかったか。

——えっ、ちょ、ちょっと待ってください。そんなこと急に言われても…。

——お前、今、伝言するって言ったよな。

——はっ、はい…。

——じゃあ、頼んだぞ。

——あっ、あの～、なんでなんですか。

——何がだ。

——けっ、顧問契約を打ち切る理由って何なんですか。

——理由？ 何を寝ぼけたことを言ってるんだ。胸に手を当てて考えてみろ。

——そんなこと僕に言われても…。

——お前のところの先生、うちの会社に来たのは何回だか、知ってるか。

——いっ、いえ、知らないッス…。

——1回だ。5年でたったの1回だぞ。それ以外は、あのへなちょこ野郎だ。わかったか。じゃあ、ちゃんと伝えておくんだぞ。


津井輝一番は、昨年税理士資格を取得し、この4月から瀬戸際税理士法人で勤務税理士として働くことになりました。津井輝税理士が初めて事務所に行った日、電話が鳴りました。オフィスにいた事務員達は、それぞれ、自分のデスクの電話のディスプレイをちらっと見たのですが、出ようとしません。

「私、今、手が離せないんですよ。津井輝先生、でしたよね。その電話、出てもらっていいですか」

一番年配と思しき事務員に言われ、津井輝税理士が電話を取ったのが、さっきのやりとりだったのです。

この本の主人公は津井輝税理士、主な舞台は、瀬戸際税理士法人です。津井輝税理士は、瀬戸際税理士法人に入ると、居酒屋「大真面目」の経営者、真面目一徹（まじめいってつ）の担当になります。津井輝税理士は瀬戸際税理士法人で働く先輩事務員たちや真面目一徹とのかかわりの中で、税理士としての回答力を高めていきます。

今、この本を手に取ってくださったのは、事務所で勤務しながら税理士資格を目指している方でしょうか。それとも、すでに税理士資格を取得し、そろそろ独立を考えているという方でしょうか。それとも、採用した税理士がコミュニケーション不足でお客様とのトラブルが絶えずに困っているという税理士事務所の所長先生でしょうか。あるいは、今の顧問税理士に不満を持っているという経営者の方かもしれません。

奇しくも昨年、あるタレントが法人を設立しているにも関わらず連年無申告だったという報道がありました。その際、税理士の関与の仕方についても言及されることになりました。

この本では、税理士の在り方や、税理士が業務を行うにあたって身に付けておくべきコミュニケーション力について、津井輝税理士の体験を通して書いていきたいと思っています。なくなる仕事に挙げられてしまっている税理士ですが、選ばれる税理士になるためには、どんなことに気を付ければいいのか。税理士として信頼を得るためには、どんな対応が求められているのか。読みながら一緒に考えていただければと思います。

令和二年三月吉日

もくじ

第2章 

第3章 秋

第4章 冬

*本書の内容は、令和2年3月31日現在の法令等によっています。

【主な登場人物の紹介】

瀬戸際税理士法人の人たち

瀬戸際税理士……代表税理士（51歳）

40歳で税理士資格を取得。

所轄の税務署長で国税を定年退職した先代が始めた税理士事務所の後を継いだ。事務所の中に、もう一人、税理士資格を持っている人がいたので、先代が亡くなった際、事務所を法人にした。しかし、ほどなく、その税理士が亡くなってしまった。税理士法人を継続させるために、税理士資格を持っている者を雇おうとしたが、誰を雇っても1年ももたないという状態が続き、税理士法人の存続が危ぶまれていた。

2年前に採用した加毛薄税理士は文句を言わずに働いていると思っていたのだが、昨年の確定申告の時期に突然無断欠勤し、1週間事務所に来なかった。電話をしても出ないので、自宅を訪問したところ、インターフォン越しに母親が出てきて、「あなたの事務所に行ってから、うちの息子はおかしくなった。訴えることも考えている」と詰め寄られた。辞められては困るので、在籍だけはしてほしいと伝えたところ、診断書が郵送されてきた。病名は、「うつ病」と記載されていた。加毛薄税理士が本当に辞めてしまう前に、どんな人でもいいので、税理士資格を持った人を採用したいと思っていたところ、面接にやってきたのが津井輝（ついてる）一番（いちばん）だった。

津井輝（ついてる）税理士……勤務税理士（28歳）

この物語の主人公。２０１９年４月、瀬戸際税理士法人に入った。

大学３年生の頃は、就活をしていたが、特にやりたいと思う仕事も見つからず、４年生になった頃には就活を辞め、家庭教師などのアルバイトを掛け持ちしていた。卒業後もアルバイトでしのいでいたが、確定申告の時期に税務署にアルバイトに行って、税務の仕事に興味を持った。税務署のアルバイト期間が終わり、４月から夜間の経理専門学校のクラスに入学した。１年目、所得税法と、財務諸表論に合格した。２年目は、残り科目を全部取ってしまうおうと心に決め、昼のクラスに入ったことがよかったのだろう。簿記論と、消費税法、法人税法、相続税法、国税徴収法の４科目に合格し、チャレンジ２年目にして、税理士資格を取得することができた。
自頭がよく、あまり努力をしなくても勉強ができるタイプだが、偉ぶることなく、自分は名前のとおり、「ツイてるだけなんです！」といつも思っているノー天気な性格。

根田宮事務員……番頭（48歳）

大学卒業後、金融機関に勤めていたが、激務のため体を壊し休職していた。そのとき、大学の先輩の瀬戸際税理士と再会し、瀬戸際税理士法人に勤めるようになった。金融機関では融資担当だった。瀬戸際税理士法人では、一番の古株であるため、「番頭」と呼ばれている。瀬戸際税理士はいつも外に出ているが、自分は、ほとんど外出しようとしない。新しく、税理士資格を持っている人が瀬戸際税理士法人に入ってくるたびに嫉妬心を露わにし、陰湿ないじめ行為を行っていた。

加毛薄（かげうす）税理士……………税理士（36歳）

津井輝税理士が来る前まで、真面目一徹（まじめいってつ）の担当をしていた税理士。瀬戸際税理士に目をかけられていたが、そのことが根田宮事務員には気に入らなかったようだ。些細な事でも、根田宮事務員から注意を受けたり無視されたりするようになり、とうとう、うつ病になって出勤できなくなってしまった。瀬戸際税理士としては、加毛薄税理士に辞めてもらっては困るので、自宅療養するため、休職中ということになっている。

重里華（えりか）事務員……………事務員（34歳）

瀬戸際税理士法人で働く人たちの給与計算や総務系の仕事を主に担当している女性事務員。

税理士資格を取ろうと業務終了後経理専門学校に通っているため、どんなに忙しい時期であっても一人だけ定時に帰る。一日に何度も席を離れるのは、屋外の喫煙所で煙草を吸っているからのようだ。なお、重里華事務員が本当に経理専門学校に通っているのか、本当に毎年、税理士試験を受けているのかどうかについては、誰も知らない。

居酒屋「大真面目（おおまじめ）」に関係する人たち

真面目一徹（まじめいってつ）……**居酒屋「大真面目」の店主（40歳）**

学校の勉強は嫌いだったが、手先は器用で、凝り性だった。友達は多かったが気が短いので、よくケンカなどをして補導されることもあった。地元の高校を卒業し、〝料理界の東大〃と呼ばれる調理師専門学校に入学。卒業後、老舗割烹に勤めるのだが、先輩とケンカをしてクビになり、その後、いろんな飲食店を渡り歩いた。真面目の理解者は、最初に勤めた老舗割烹の娘、綾香であった。綾香とは20歳で駆け落ちした。住み込みで働くなど苦労を重ね、40歳までには、自分の店を持ちたいと思っていたが、人一倍努力したおかげで36歳で独立することができた。

真面目綾香……**真面目一徹の妻（40歳）**

しっかり者で、苦労しながらも一徹を支えている。

真面目 さくら ………真面目一徹の長女（19歳）

親元を離れ、祖父（真面目公平）の家に下宿して地方の国立大学に通っている。

真面目 翔 ………真面目一徹の長男（17歳）

私立高校でラグビーに勤しんでいる。

真面目 公平 ………真面目一徹の父（70歳）

地元の役場に勤めていたが、定年退職後は年金暮らしをしている。元々は農家の出であるため、土地をたくさん持っている様子。

真面目 洋子 ………真面目一徹の母（68歳）

地元の高校を卒業後、役場に勤めていた時に公平と出会い寿退社し、それ以降、専業主婦をしている。

第1章

春

「調査後払うのは、所得税だけじゃないんですか!」

瀬戸際税理士法人は、山手線の田町駅から徒歩5分のところにありました。津井輝税理士がこの税理士法人を選んだのは、立地条件が良かったからというのも一つでした。実家からだと、歩いても20分、自転車なら、10分あれば余裕で行ける距離だったのです。津井輝税理士は、学生時代は、親に干渉されたくないという思いから大学の近くに下宿をしていたのですが、専門学校に通うようになってからは、家賃がもったいないのと、勉強に専念したいという気持ちから自宅に戻っていました。

瀬戸際税理士法人に勤務するようになって二日目。津井輝税理士は、瀬戸際税理士の部屋に呼ばれました。

瀬戸際税理士:「津井輝君。昨日は、すまなかったねぇ。電話がかかってきたんだろ。あの人はわがままでねぇ。私も困っていたんだよ。だから、あちらから契約解除を言ってきてくれてよかったと思ってるんだ」
津井輝税理士：「えっ、そうなんですか？」
瀬戸際税理士：「まぁ、いろんなお客様がいるからね。あの電話のことは気にしなくていいですよ」
津井輝税理士：「わかりました」
瀬戸際税理士：「君の席は、重里華ちゃんの隣が空いてるから、そこを使ってくれるかな。わからないことは、なんでも番頭の根田宮さんに聞けばいい」
津井輝税理士：「はい！」
瀬戸際税理士：「それから、津井輝君の仕事なんだが、真面目一徹さんを担当してもらおうと思ってるんだ。詳細は番頭の根田宮さんに言ってあるから、それも、根田宮さんに聞いてくれるかな」
津井輝税理士：「わかりました」
瀬戸際税理士：「じゃあ、しっかりやってくれたまえ」

津井輝税理士は、瀬戸際税理士の部屋を出ると、ひとまず重里華事務員の隣の席に腰を下ろしました。斜め前が根田宮事務員の席だったので、津井輝税理士は、パソコン越しに、根田宮事務員に話しかけました。

津井輝税理士：「あの～、根田宮さん。瀬戸際さんから真面目一徹という人の担当をするように言われたんですけど、教えてもらえますか？」

根田宮事務員：「瀬戸際さんって誰のこと言ってるんですか。あのね、津井輝先生。瀬戸際さんって失礼だと思わないんですか。瀬戸際先生のことは大先生って呼ぶんですよ」

津井輝税理士：「すっ、すいません」

根田宮事務員：「こんなことまで、いちいち言わないといけないんですか。まったく…」

津井輝税理士：「それでですねぇ、根田宮さん。真面目一徹さんの件、どうすればいいんでしょうか？」

根田宮事務員：「データは、全部、このホルダーに入れてあります。預かり書類は、書庫に真面目一徹と書いた袋が2つあるので、それを整理してください。それから、担当が変わったことを真面目さんに電話で伝えて、3月分の書類を持ってきてくれるように言ってください」

津井輝税理士：「はい、わかりました」

津井輝税理士は、番頭の根田宮さんにそう言われ、まず、真面目一徹に電話をすることにしました。

津井輝税理士：「もしもし、真面目一徹さんですか？」
真面目：「はい、そうです」
津井輝税理士：「あの～、私、瀬戸際税理士法人の税理士の津井輝といいます」
真面目：「税理士のツイテルさん、ですか…？」
津井輝税理士：「はい。この4月から、真面目一徹さんの担当になったので、お電話させていただきました」
真面目：「そうなんですね。1月、2月の書類預けたままなんで、そろそろ返してもらいに行かないとって思ってたんですよ」
津井輝税理士：「そうでしたか。いつ、事務所に来られますか？」
真面目：「じゃあ、来週の火曜日の午後2時過ぎでもいいですか？」
津井輝税理士：「はい。その際、3月分の書類を持ってきていただけますか」
真面目：「わかりました。あっ、津井輝先生。前に加毛薄先生に質問してた件なんですけどね。今、ちょっと聞いてもいいですか」

津井輝税理士：「どんなことでしょうか」

真面目：「たいしたことじゃないんですけど、気になってることがあって。税務調査って、どんなところに入られるのかなぁって」

津井輝税理士：「どんなところって」

真面目：「税務調査によく入られる業種とか、あるんでしょ?」

津井輝税理士：「どうなんでしょうねぇ。真面目さんは、飲食店を経営されてるんですよね」

真面目：「はい」

津井輝税理士：「実のところ私自身、飲食店とかって、どうやって税務調査するんだろうって不思議に思ってるんですよ。だから、よっぽどのことがない限り、税務調査のことは心配しなくていいと思いますよ」

真面目：「えっ、そうなんですか。でも、税務調査に入られたら、結構な税金を払わないといけないんでしょ。どれくらい税金払わないといけないものなんですか?」

津井輝税理士：「それは、修正した所得金額によるんですけど、その人の最高税率分が追加の税金になるんですよ」

真面目：「最高税率分が追加の税金って、どういう意味なんですか?」

元国税調査官
飯田真弓税理士からの

おせっかいアドバイス

津井輝税理士は、瀬戸際税理士法人で働くことになりましたが、これからいろんな困難が待ち受けている予感がしますよね。このコーナでは、津井輝税理士のエピソードを紹介した後に、元国税調査官税理士飯田真弓からの「おせっかいアドバイス」ということで、新米の津井輝税理士にぜひともお伝えしたいと思うことを書き綴っていきます。

さて、どんなところが税務調査に選ばれやすいのか。経営者であれば、誰しも気になるところだと思います。毎年、国税当局は、運営方針を発表しているのですが、基本的には、高額悪質者を調査するということになります。仮装隠蔽し脱税をしている納税者に対しては、戒めの意味を込めて、刑事告発することを目的に、査察部門が強制調査を行います。また、飲食店など、現金商売だったり、多店舗経営をしている場合は、現場を押さえる必要があるので、任意調査であっても、事前通知をせずに、税務調査が行われる場合があります。

真面目さんは、税務調査に入られた際、どれくらい追加の税金を払わないといけないのか、津井輝税理士に尋ねていました。津井輝税理士は、少なく申告していた所得金額に対して、その人の最高税率が掛けられ、その金額を追加の税金として納めることになるのだという説明をしたわけですが、真面目さんは、よくわかっていなかったようです。

所得税は累進課税になっています。

税率表は次のとおりです。

（平成 27 年分以降）

所得税の速算表

課税される所得金額	税率	控除額
195 万円以下	5%	0 円
195 万円を超え 330 万円以下	10%	97,500 円
330 万円を超え 695 万円以下	20%	427,500 円
695 万円を超え 900 万円以下	23%	636,000 円
900 万円を超え 1,800 万円以下	33%	1,536,000 円
1,800 万円を超え 4,000 万円以下	40%	2,796,000 円
4,000 万円超	45%	4,796,000 円

（注）　例えば「課税される所得金額」が 700 万円の場合には、求める税額は次のようになります。

700 万円 ×0.23-63 万 6 千円 =97 万 4 千円

※ 平成 25 年から令和 19 年までの各年分の確定申告においては、所得税と復興特別所得税（原則としてその年分の基準所得税額の 2.1%）を併せて申告・納付することとなります。

（国税庁ＨＰより引用）

税務調査の際、調査官は、調査金額を算定するために、いろんな方法で試算をします。税務調査は、担当調査官が独断で調査金額を決めるわけではありません。調査した内容を署に持ち帰り、上司に説明し、審理担当や署の幹部の意見を聞いた後、決裁を受けて、調査金額が算定されます。決裁の文書によく使われる言葉に〝総合勘案し〟というものがあります。ここ数年、〝忖度〟という言葉をよく耳にするようになりましたが、そこには、調査対象者の印象なども加味されているかもしれません。

さて、津井輝税理士ですが、真面目さんに電話をした際、突然質問をされて、ちょっと困っていたようですね。津井輝税理士が不安げな応答をしたことで、余計に真面目さんは、不安に思ったのではないでしょうか。税理士は税金のプロなんですから、どんな場合も、お客様である経営者を不安にさせるような言動は慎まなければなりません。

そういった意味での、コミュニケーション能力が必須といえると思います。

「税務調査に対して、漠然とした不安があるんですね。たとえば、具体的に何か気になることがあったんでしょうか。私はまだ新米なので、すぐには答えることはできないかもしれませんけど、話をすることで、不安な気持ちが和らぐこともあると思います。差し支えない範囲でいいので、もう少し、お話を聴かせていただけませんか?」

こんな風に言うだけでも、真面目さんは少し気持ちが楽になったのではないでしょうか。

筆者は、調査官当時、税務調査の追加の税金について、税理士と経営者の意思疎通が悪く、後になってトラブルになる例をいくつか見てきました。税務調査によって修正申告書に表現される追加の税金は所得税のみです。けれども、お客様である経営者が税務調査によって支払うことになるお金は修正申告書に記載された差額分だけではありません。

加算税、延滞税、地方税、税務調査によって健康保険の支払金額が増える場合もあります。経営者が税務調査で一番気になることは、トータルでいくら払わないといけないのかということです。税理士がそこのところを理解していないと、税務調査が終わってから、お客様である経営者が、税理士に対して不信感を抱くことにもなりかねないのです。

では、ここで、筆者なら真面目さんとどんな風にやりとりをするか、ちょっと書いてみたいと思います。

真面目：「最高税率分が追加の税金って、どういう意味なんですか。専門用語みたいなのを使われても、ピンとこないんですけど」

飯田税理士：「そうですね。では、もう少しわかりやすくお話ししますね。真面目さんは、昨年申告された、課税される所得金額がいくらだったか覚えていますか？」
真面目：「えっ、課税される所得金額ですか。所得金額じゃなくって」
飯田税理士：「では、まず、課税される所得金額の説明からしますね」
真面目：「はい」
飯田税理士：「課税される所得金額というのは、売上から必要経費を引いて、決算書の上で所得金額が算出されますよね。それを確定申告書の所得金額の欄に記入するんですけど、その後、所得控除というものを差し引きするんです」
真面目：「所得控除って、健康保険とか、生命保険とか、子どもの扶養控除とか、そういうヤツのことですよね」
飯田税理士：「そうです。所得金額から所得控除を差し引いたものが、課税される所得金額なんです」
真面目：「・・・」
飯田税理士：「確定申告書の現物を見るほうがわかりやすいですね。第一表の㉖の欄が、課税される所得金額になります」
真面目：「ほんとだ。課税される所得金額（⑨－㉕）って書いてますね」
飯田税理士：「では、その下㉗を見てください。なんて書いてますか」

真面目：「上の㉖に対する税額って書いてます」

飯田税理士：「この㉖の金額はいきなり出てこなくて、所得税の速算表を使うんです」

真面目：「なるほど。課税される所得金額によって税率が変わるってことなんですね」

飯田税理士：「そうです。なので、たとえば、当初、確定申告した際の課税される所得金額が600万円だった場合、所得税の金額は、20パーセントを掛けて427，500円を差し引きした金額になるんです」

所得税及び復興特別所得税の申告書B
第一表【令和元年分以降用】より抜粋

課税される所得金額（⑨－㉕）又は第三表	㉖	000
上の㉖に対する税額又は第三表の㊱	㉗	

（「税金の計算」欄）

※⑨…所得金額の合計、
㉕…所得から差し引かれる金額の合計

真面目：「修正申告をするとこの金額に加算されるから最高税率なんですね」

飯田税理士：「はい。確定申告書を提出した当初の税率は20パーセントだったとしても、調査の結果、追加の税金が多くなると、30パーセントの税率に達してしまうこともあると思います」

真面目：「なるほど、それが、累進課税という所以なんですね」

飯田税理士：「所得税のことを本税という場合もありますが、これ以外に国税としては、加算税や延滞税もかかってきます」

真面目：「加算税って、罰金みたいなものですか」

飯田税理士：「そうです。もともときちんと申告していた人と差をつけないといけませんからね。それから、国税以外にも地方税が追加になりますし、健康保険料が上がる場合もあります」

真面目：「ということは、所得税の追加分だけ考えていたら、ダメってことなんですね」

いかがだったでしょうか。

「いくら説明してもお客様である経営者が言ったとおりにしてくれなくて、本当に困っているんです！」

筆者は、税理士向けの研修で税務調査について話をする機会もあるのですが、税理士さんから、お客様である経営者に対する愚痴を聞かされることがよくあります。その事柄について、元々知らない人に説明するのって本当に面倒だと思います。でも、お客様である経営者から何かを質問されたり、不安に思っていることをぶつけてこられたときがチャンスなのです。

何のチャンスかって、それは、お客様である経営者の信頼

を獲得するチャンスだということです。即答できそうにないことを聞かれても、その質問の裏側に潜んでいる経営者の気持ちを考え、顧問税理士として、お役に立てることは何なのかを常に考える税理士になれば、お客様の信頼度が上がると思います。

親身になって、話を聴いてあげること。「お客様のお困りごとを聴かせていただくんだ」という姿勢で接すること。選ばれる税理士になるためには、まずは、お客様とのコミュニケーションを良好にすること。そこから始めることが必要なのではないかと思います。

ここまでのポイント

- お客様である経営者から、税務調査についての話題が出された時には、本当に聞きたいと思っていることはどんなことなのかを注意して聞くようにしましょう。
- 税務調査でいくら税金を払えばいいのかという話になった際は、加算税や延滞税、地方税など、その税務調査に付随して支払いが増加するものについても、一緒にお伝えするようにしましょう。
- 常に、お客様である経営者の気持ちに寄り添い、「お困りごとを聴かせていただく」というスタンスでいることが、お客様の信頼を獲得することにつながるのだということを肝に銘じておきましょう。

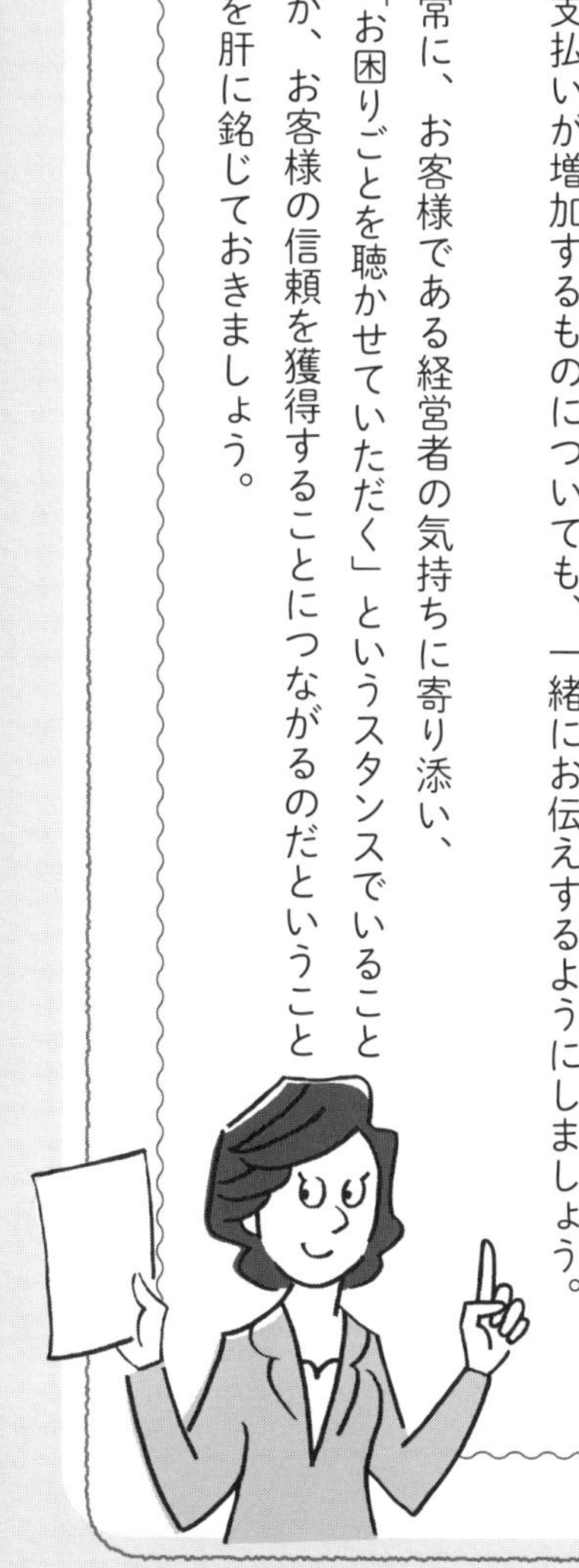

優秀な成績を収めてきた調査官が集められた税務調査の職人集団です。令状による強制力がない分、資料調査課は調査対象者に協力してもらわないと調査を進めることができません。

資料調査課のメンツは、それをよくわきまえています。資料調査課は、事前通知なしで税務調査に来ることがよくあります。それは、不正を働いている納税者の現場を押さえるためです。現金商売は、記録が残らないことが多いので、それほど悪質でない場合でも事前通知をせずに税務調査に入ることがあるのです。国税の職員録を見ると、その調査官がそれまでどんな部署で働いていたのかを確認することができます。税務調査の事前通知をしてきた調査官の部門の統括官が資料調査課にいたという場合は、その調査は厳しいものである可能性が高いといえるかもしれません。

顧問の税理士としては、お客様である経営者のところには、どんな調査官がやってくるのか。事前に調べておくことも有意義でしょう。お客様である経営者にとって税務調査は不安だらけです。その不安を少しでも小さくしてあげることも、顧問税理士の信頼度アップにつながるのではないかと思います。

【コラム】

～経営者に税務知識を やさしく解説しよう～

その①「任意調査と強制調査」

筆者は、講演会などに招かれると「元国税調査官の飯田真弓さんです」という風に紹介していただくことがよくあります。

名刺交換をさせていただくと、「元国税調査官って、マルサの女だったってことですか？」と聞かれます。

マルサは、国税局の中にある査察部門のことをいいます。筆者は、元国税ではありますが、ずっと所轄の税務署で税務調査に従事していました。元国税には間違いないのですが、国税局で勤務したことはないのです。なので、マルサと呼ばれている査察部門に在籍したことはありません。二人の子どもを育てながら仕事をしていたので、とにかく住んでいるところから近い勤務地で、定時に帰れる署を希望していたからです。

マルサとそれ以外の税務調査の大きな違いは、強制調査か任意調査かという点です。マルサは、刑事罰として立件することを目的としていますが、それ以外は任意調査といって、適正公平な課税の実現を目指すための税務調査ということになります。所轄の税務署で手に負えそうにない案件は、国税局の資料調査課という部署が担当する場合があります。

この資料調査課という部署の税務調査はかなり厳しいものです。資料調査課とマルサとは、捜査令状があるかないかという点が大きな違いです。令状があるかないかは違うけれど、税務調査として行われることはほとんど同じです。資料調査課は、各税務署で

顧客のギモン 2

「嫁の給料は103万円までなら扶養に入れていいんですよね？」

居酒屋「大真面目」の店主真面目一徹さんは、昨年から瀬戸際税理士法人に顧問になってもらっていました。当初、加毛薄税理士が担当でした。真面目さんはたまたま参加した講演会で瀬戸際税理士と知り合いになり、名刺交換した際、

「税金のことなら何でも相談に乗るので、また、ご連絡ください」

と言われたことがきっかけで、顧問契約をすることになったのです。実は、真面目さんは、瀬戸際税理士と出会うまでは、とある団体の経理担当の方に申告書を書いてもらっていました。

毎年、2月に入ると、

「今年は、いくらくらい税金を払いたいですか」

と連絡があり、3月に納める税額を知らせてくれるので、その金額を振り込むという感じでした。

真面目さんは、そのとある団体の経理担当の方から、申告書を作成はするけれど、お金はいらないと言われましたが、それでは申し訳ないから何かお礼をさせて欲しいと申し出たところ、
「じゃあ、たまにご飯をご馳走してください。それでいいですよ」
と言われました。でも、そのご飯の誘いが、半年に1回から3か月に1回、3か月に1回が1か月に1回と回数が増えてきました。しかも、毎回、誰かを連れて来て、真面目さんがご飯代を全額支払うということが続いていたのです。

こんなことでよいのだろうかと思っていた時、瀬戸際税理士に出会ったというわけです。真面目さんは、瀬戸際税理士から書類を持ってくるように言われ、瀬戸際税理士法人を訪れた際、自分の担当は加毛薄税理士だということを知らされました。

翌月、真面目さんが、瀬戸際税理士法人に書類を持って行った際、瀬戸際税理士は不在で、加毛薄税理士に書類を預けて帰りました。真面目さんは、瀬戸際税理士から、税金のことは何でも相談してくださいと言われたからお願いすることにしたのですが、その次の月も瀬戸際税理士は不在で、話を聞いてもらうことはできませんでした。

しかたなく、担当の加毛薄税理士に相談しようと思って質問を

したこともありましたが、

「調べて、次回お返事させていただきます」

と言われ、それっきり、次の月に書類を持って行った時も、その次の月も、質問に対する回答を得られないままになっていました。

この4月から担当になったと電話をかけてきた津井輝税理士は、加毛薄税理士よりも話しやすそうな感じがしました。

長いゴールデンウィークが終わり、4月分の書類を持って、真面目さんが瀬戸際税理士法人にやってきました。

真面目：「津井輝先生、最近、常連さんと呼べるようなお客さんもできてきたんで、人を雇ってみようかなと思ってるんです」
津井輝税理士：「そうなんですね。一人でやっていると何かと不便なこともあるでしょうしね」
真面目：「でも、うちの場合、皿洗いだけってわけにはいかなくて、なんでもやってくれる人でないと困るんですよ」
津井輝税理士：「まあ、そういうことになるでしょうね」

真面目：「人手が欲しいのはやまやまなんですけど、いきなり他人を雇うというのは、ちょっとハードルが高いかな、って思ってるんです」
津井輝税理士：「そうですねぇ」
真面目：「それで、うちの嫁に手伝ってもらおうと思ってるんですよ」
津井輝税理士：「なるほど…」
真面目：「先生、確か、嫁の給料って、103万円までに抑えておけば、私の扶養家族に入れるんですよね」
津井輝税理士：「えっ…」
真面目：「あれ？違うんですか」
津井輝税理士：「今、真面目さんが言っておられる、『奥さんの収入が103万円までなら扶養家族に入れる』というのは、奥さんが、パートに出た時のことなんですよ」
真面目：「ええ、知ってます。だから、私の店で、嫁がパートタイマーとして、働いてもらえばいいと思ってるんですけど」
津井輝税理士：「その103万円までというのは、奥さんが、居酒屋『大真面目』以外にパートに行った場合なんですよ」

真面目：「人出が足りないから、嫁に手伝ってもらおうと思ってるのに、うちの居酒屋以外で嫁が働いても意味がないじゃないですか」

津井輝税理士：「いや〜、ちょっと、話がかみ合わないなぁ」

元国税調査官
飯田真弓 税理士からの
おせっかいアドバイス

税理士の資格をお持ちの方で、この本を手に取ってくださったみなさん。この真面目さんと津井輝税理士のやりとりを読んで、どんな感想を持たれたでしょうか。

「あれ、そんなレベルの本なの」

と、思われたでしょうか。

税理士は、税の専門家です。真面目さんの場合、包丁を握らせたら自分にかなうものはないというプロの料理人です。自信があるから、独立開業されたのだと思います。でも、数字に関しては、どうでしょうか。言うまでもなく、真面目さんは、数字に関しては素人です。それでも、職人の時から、コツコツとお金を貯めて自分のお店をオープンされたのは、色々と努力をされたからだと思います。真面目さんは真面目な方で、わからないことはわからないなりに、アンテナを張って、いろんな情報を得るように心がけている方なのですが、その解釈の仕方が、独りよがりになっている点が見受けられるようです。

個人で独立開業をされた場合、知っておくべき税法は、所得税法になります。顧問税理士として、個人で事業をされている方には、最初に、所得税法の根底にある考え方をお話しておくことが必要だと思います。

それは、所得税は、お店の儲けに対して課税されるのではなく、個人事業主が課税対象であるということです。所得税法では、たとえば、お父さんが事業をしていて、その仕事を妻や子どもなど家族が手伝うのは当然であるという考え方があります。これは、どういうことかというと、家の仕事を家族が手伝う場合、手伝ったことに対してお金を渡しても、家の中からはお金は出て行かないので、必要経費にはならないということなんです。

「えっ、嫁さんにお店で働いてもらって、その分、お給料を払っても、経費として認められないなんて、そんな殺生な！」

そんな声が聞こえてきそうですね。

そうなんです。この〝殺生な！〟という個人事業主の気持ちに応えるべく、家族への給料を認めようというのが、青色事業専従者給与というものです。

個人事業主の方が確定申告をする場合、白色申告と青色申告がありますが、その違いについては、お客様である経営者にお話をされているでしょうか。まずは、そこから説明をする必要があると思います。現在、所得税の確定申告書はすべて、白地の用紙が使われていますが、以前は、申告書の色が、白色と青色に分かれていました。

家族に払ったお給料が経費で認められるには、青色申告をしていることが条件になります。青色申告をするためには、所轄の税務署に青色申告承認申請書を提出し、承認を受けなければなりません。青色事業専従者給与は、その承認を受けた者で、実際に仕事に従事し、支払いの事実を確認できる状態にある場合に限って、ということになります。

開業当初から顧問をしている経営者に対しては、最初から青色申告をお勧めしやすいと思います。でも、以前は違う税理士さんにお願いされていて、そこで白色で申告をされていたという場合、白色申告と青色申告の違い、青色申告をすることのメリットについて、事業主の方にわかりやすく説明する必要があります。

青色申告承認申請書には、青色事業専従者給与を記入する欄が設けられています。青色事業専従者給与は青色申告承認申請書を提出する際に記入し承認を受けると便利です。この場合、給与のほかに、賞与の申請も可能なので、必ず賞与も記入するように指導するといいと思います。

顧客のギモン2
「嫁の給料は 103 万円までなら扶養に入れていいんですよね?」

青色事業専従者給与は、申請した範囲で支払えばいいので、月によっては、申請した金額よりも少なくなっても構わないという規定になっているからです。

家族の給料をいくらにするのが妥当なのか、判断に迷うときは、他に人を雇った場合、いくら払うかということを基準にすると決めやすいでしょう。

○税務調査でよく指摘される点、青色事業専従者給与

では、ここで、ある個人の開業医（内科医）の税務調査の場面をみていくことにしましょう。

内科医の場合、売上のほとんどは、保険の点数から計算します。一部、生活保護や診断書の作成費用など、細かなものが、売上計上漏れとして、追加の税金の対象になる場合がありますが、税務調査の大半は、必要経費の確認にウエイトが置かれます。

調査官：「こちらで働いている方の状況を教えていただけますか」
開業医：「内科医である私と、看護師が二人、受付は嫁とパートで来てもらっている人にやってもらってます」

調査官：「看護師さんは、二人とも毎日来られてるんですか」
開業医：「はい。基本的には、二人とも毎日来てもらっています」
調査官：「受付はどうですか」
開業医：「受付に関しては、嫁と午前の診療の人と、午後の診療の人、一人ずつに来てもらっています」
調査官：「なるほど。タイムカードは作っていますか」
顧問税理士：「はい、ここにあります」
調査官：「確認させてもらいますね。奥様のタイムカードは、どこにあるんですか」
税理士：「奥様のタイムカードですか」
調査官：「はい」
税理士：「・・・」
調査官：「どうされましたか」
税理士：「いえ、あの…。実は…」

実務上、個人の開業医として申告している方の青色事業専従者給与を否認する税務調査は多かったと記憶しています。

極端な例ですが、収入金額1億円、特前所得2,000万円、奥様の青色事業専従者給与1,000万円、というような場合です。税務調査として、その医院に行った際、調査官は、調査の合間に、受付の方や看護師にもインタビューをします。

調査官：「奥様は、毎日、受付の業務をされてるんですか」

受付担当：「私は、午前の診療の際の受付なので、午前のことしか知りませんが、一週間に一回来られるか来られないかという感じだと思います」

調査官：「ありがとうございます」

調査官：「奥様は、午前中はあまり来られないということのようですが、午後からは、毎日、来られてるんでしょうか」

看護師：「午後も受付の担当の人が来るので、奥様は、たまにお菓子など差し入れを持って来られることはありますけど、受付に立っておられるところはあまり見たことがありません」

こんな感じでしょうか。

事業主からすると、従業員には、その働きに応じて給料を支払っていればそれでよいという考えがあるかと思います。けれども、雇われる側の人たちは、雇い主をいろんな方向から観察しているのです。

普段から、コミュニケーションを良好にしておかないと、税務調査の場面では、日ごろの不満を調査官たちにぶつけることもよくあるのです。

家族に払った給料を経費として落とすには、青色事業専従者給与の届出を提出することが必須です。税務署がその書類を受け付けていたとしても、顧問の税理士は、実際に従事されているか、確認する必要があるでしょう。税務調査で必要経費を否認され追加の税金が発生した場合、実際にその税金を納めるのは、当然のことながら、顧問の税理士ではなく、開業医自身となります。

「そんなこと、もっと早く税理士さんが言ってくれていたら、ちゃんとしていたのに…」

開業医は、青色事業専従者給与に関する説明を聞いていたとしても、税理士の説明不足でこのようになったのだということを主張する場合があります。青色事業専従者給与

については、実際に従事し、実際に支払いもあってはじめて認められる特例なのです。顧問税理士は、そこのところを、きちんと説明しなければならないのです。

さて、真面目さんの奥様の給与に話を戻しましょう。青色事業専従者給与は、承認されれば、その金額を必要経費に算入することができます。ただし、青色事業専従者給与を支払った家族は、扶養控除できないという規定があります。これについては、顧問の税理士にとっては、書類をチェックする際に確認できることですが、個人事業の方は、理解しにくいことのようにも思います。

青色事業専従者給与と扶養控除や配偶者控除の重複は認めらないのだということは、きちんとお伝えしておくべき事項でしょう。

なお、平成30年（２０１８年）分以後の所得税について、配偶者控除・配偶者特別控除が見直されている点も、併せてわかりやすく説明しておきましょう。

ここまでのポイント

- 家族にお給料を払いたい場合は、早い段階で、青色申告承認申請書と青色事業専従者給与の届出をし、承認を受けることが必要だということをお客様である経営者に伝えておきましょう。
- 家族であっても、きちんと従事し、第三者にもわかるように、支払いは、現金で手渡しをするのではなく、銀行等の口座振込にすることを勧めておきましょう。
- 家族に対する給料の決め方は、その同じ仕事で他人を雇った場合、どれくらい支払うかをひとつの目安にすることをお客様である経営者に伝えておきましょう。

たとえば、妻の青色事業専従者給与を毎月 80,000 円にした場合です（令和 2 年〔2020 年〕分以降）。

80,000 円× 12 か月 =960,000 円…①

給与の収入金額が 960,000 円から、給与所得控除の 550,000 円を差し引きするんですね。

960,000 円－ 550,000 円 =410,000 円…②

②の計算式だけ見ると、所得金額が 410,000 円で、基礎控除の 480,000 円を差し引きすると、410,000 円 － 480,000 円 = － 70,000 円で、所得金額は 0 円以下になるので、青色事業専従者給与を必要経費に算入し、さらに、配偶者控除も差し引きできるように思えるのですが、この重複は認めないと謳われているのです。

事業を始めて、奥さんが別のところで働いてそこから収入を得ている場合は無理なのですが、常に二人三脚で事業のことを考えてきたというのであれば、青色事業専従者給与を活用することで税負担を少なくすることができます。

青色事業専従者給与はいくらが適正と思えるのか。親身になって一緒に考えてくれる税理士さんは、頼りがいがあると信頼してもらえるのではないかと思います。

【コラム】

〜経営者に税務知識を　やさしく解説しよう〜

その②「青色専従者給与と配偶者控除」

お客様である経営者が個人事業主である場合、まず最初に説明をしておくべきことは、青色申告についてだと思います。青色申告は届出書を提出し、税務署長の承認を受けなければなりません。〝税務署長の承認〟と書くとなんだかたいそうな感じに聞こえますが、実際には「青色申告承認申請書」に必要事項を記入し、所轄の税務署に提出すればOKです。青色申告承認申請書には青色事業専従者給与を記載する欄も設けられています。

No.2075　青色事業専従者給与と事業専従者控除
［平成31年4月1日現在法令等］

生計を一にしている配偶者その他の親族が納税者の経営する事業に従事している場合、納税者がこれらの人に給与を支払うことがあります。これらの給与は原則として必要経費にはなりませんが、次のような特別の取扱いが認められています。

（国税庁HPより）

本来、家族に支払われる給料は必要経費に認めらません。けれども、一定の要件を満たしていれば、家族が事業を手伝ったことに対して支払った給料を必要経費として認めるという特例が青色事業専従者給与です。

よくある質問として、押さえておきたい点があります。

顧客のギモン2

「嫁の給料は103万円までなら扶養に入れていいんですよね?」

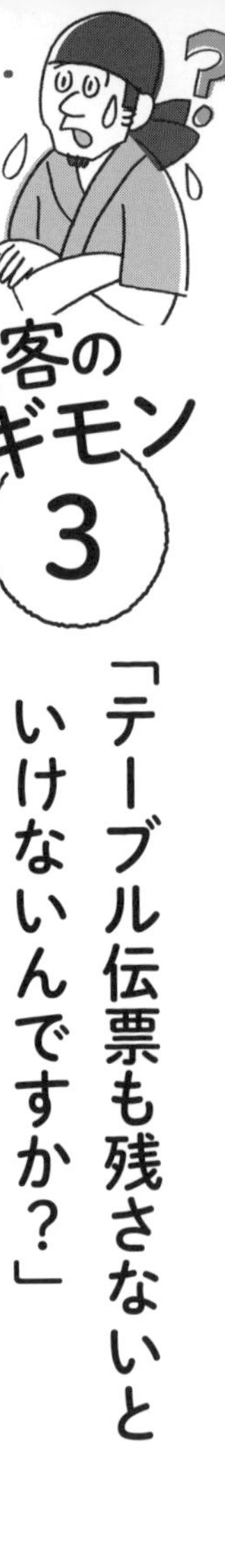

顧客のギモン3
「テーブル伝票も残さないといけないんですか?」

津井輝税理士は、湯沸かし室で、重里華事務員に小言を言われたようです。

重里華事務員:「あっ、津井輝先生。そのお茶、お客様用なんですけど。最近、減るのがはやいからおかしいなって思ってたのよね」
津井輝税理士:「えっ、そうなんですか。大先生から、飲み物が欲しいときは、湯沸かし室に色々あるから好きなのを自由に飲んでいいって言われたんですけど」
重里華事務員:「あら、私に口答えするっていうの? これ、玉露なのよ。大切なお客様用の玉露。今度から、絶対にこのお茶には触らないでもらえます? わかったわね」
津井輝税理士:「わっ、わかりました」

津井輝税理士は、税理士の資格は持っているけれど、瀬戸際税理士法人では一番下っぱの一年生。何か質問をしようものなら、

「津井輝先生、税理士の資格を持っているのに、そんなこともご存知ないんですか」と嫌味を言われます。大先生から、わからないことがあれば番頭の根田宮さんに聞くように言われたのですが、番頭の根田宮さんには何も聞けないままの状態が続いていました。

大先生というのは、瀬戸際税理士のこと。お客様である経営者は、税理士の資格を持っていようがいまいが、税理士事務所で働く人のことを「先生」と呼びます。その事務所の代表のことは、他の事務員と区別するために、「大先生（おおせんせい）」と呼ぶのが業界の慣習になっているようです。法律事務所のドラマなどでも、その事務所のトップのことを大先生と呼んでいるシーンを目にすることがありますよね。弁護士、税理士、社会保険労務士など、士業の事務所は、どこもそんな風に呼んでいるのだと思います。

インスタントコーヒーを薄めに淹れ、自分の席に戻った津井輝税理士に、隣の席の重里華事務員が耳元で囁きました。

重里華事務員：「津井輝先生、それと、前から気になってたんだけど、根田宮さんのことは、

根田宮さんって言うんじゃなくって、番頭さんって呼んだほうがいいわよ。ご機嫌取りしておかないと、津井輝先生も、加毛薄先生みたいにメンタルやられてしまうわよ」
津井輝税理士：「そうなんですか。もしかして、加毛薄先生って、うつ病なんですか？」
重里華事務員：「ええ、そうよ。知らなかったの。だから津井輝先生が採用されたのよ」
津井輝税理士：「それって、どういうことなんですか？」
重里華事務員：「税理士が、二人以上いないと税理士法人じゃなくなるじゃない。だ・か・ら…」
津井輝税理士：「えっ、そうなんですか」
重里華事務員：「津井輝先生が辞めてしまったら、大先生が困るからね。まぁ、大先生のためにも、辞めずに頑張ることね」

6月に入って、真面目さんが、5月分の書類を事務所に持ってきました。津井輝税理士は、重里華事務員はちょっとお天気屋さんなところがあるけれど、自分の味方なんだろうなと思っていました。大先生もいい人だし、番頭の根田宮さんのことはあまり気にせず、与えられた仕事をきちんとやろうと心に決めました。

津井輝税理士：「真面目さんが持って来られた書類を見ていると、レジペーパーがないように思うんですけど、どうしてなんですか？」
真面目：「ああ、レジですか。できるだけ、経費は抑えようと思ってね。私一人なら、レジなんかなくてもいけるので、置いてないんですよ」
津井輝税理士：「レジ、ないんですか」
真面目：「ええ、まあ…」
津井輝税理士：「毎日の売上金は、どうやって管理されてるんですか？」
真面目：「管理なんて、そんなたいそうなことは何もしてませんけど」
津井輝税理士：「じゃあ、売上はどうやって、計上してるんですか」
真面目：「ケイジョウって…」
津井輝税理士：「ああ、すいません。毎日の売上金額は、どうやって計算して、売上帳に書いてるのかってことです」
真面目：「ああ、それなら、その日の売上伝票の金額を合計して、売上帳に書いてます」
津井輝税理士：「そうなんですね。じゃあ、売上伝票は全部残しているんですね」
真面目：「えっ、そんな…。醤油をこぼしてたり、クシャクシャになったりしてて、計算したら、捨てますよ」
津井輝税理士：「クシャクシャになったら捨ててるんですか」
真面目：「それに、伝票っていっても、たいしたこと書いてませんしね」
津井輝税理士：「そうなんですか」
真面目：「はい。お客さんが注文したものをメモしてるだけですから。料理を出したらもうそのメモは用がないですからね」
津井輝税理士：「伝票に金額とかは、書いてないんですか」
真面目：「いやいや、作るほうが忙しいのに、そんな金額まで、いちいち書いてられませんよ」
津井輝税理士：「単なるメモってことなんですか」
真面目：「はい…」
津井輝税理士：「じゃあ、残してなくても仕方ないってことかなぁ」

元国税調査官
飯田真弓 税理士からの
おせっかいアドバイス

飲食店の店主にとって、売上伝票は単なるオーダー時のメモとしか認識されていないケースが多いように思います。でも、元国税調査官の筆者から見ると、それはとても大切な書類なのです。現金商売の場合、売上の一番の元はテーブル伝票です。売上を把握されたくないと思う経営者は、売上伝票をわざと捨ててしまっているということがよくあるからです。

売上伝票を捨ててしまえば、売上を調べることができないだろうという思いがそうさせるのでしょう。税務調査を行う際、現金商売が一番難しいと言われるのも、そういう理由からです。

個人事業主の調査の場合、調査官は、売上の記録が保存されていなくても、使ったお金から、その経営者の適正な所得金額を計算します。それは、可処分所得を推計するというものです。

可処分所得については、経営者のみならず、顧問の税理士は必ず把握しておくべき数字です。専門学校に行った人は、売上から仕入を引いて、それ以外の必要経費を引いて、出てくる数字が所得金額だと習ったと思います。なので、お店が繁盛していても、

税理士：「今年はどうも赤字になりそうですね」

事業主：「そうですか。今年は、去年に比べて売上が落ちたので、そうかなと思ってました」

こんな会話をした末、帳簿上の金額で確定申告をするということになったりするのだと思います。帳簿の上の数字を鵜呑みしてはいけません。その一家がご飯を食べられているということは、食べる分は稼いでいるということです。

実は、ここだけの話なのですが、筆者のお気に入りに、こんなお店があります。厨房はご主人一人が切り盛りしています。夜は、おすすめコースのみ。お料理は奥さんが運んでくれます。テーブルに料理を並べると、奥さんが一品一品、説明をしてくれます。知る人ぞ知る、予約をしないとなかなかいけないお店なのですが、お店にはいつも、まだ学校には上がっていない女の子がいるんです。

女の子：「いらっしゃいませ。おしぼりどうぞ」
飯田：「ありがとう」

珍しい食材で作られた料理はどれもおいしく、お酒もすすみます。女の子は、まだ客が来ていないテーブルで食事をしながら、客である筆者達のほうをずっと見ています。一杯目のお酒を飲みほしたとき、女の子が筆者と連れのテーブルに近寄ってきました。

女の子：「おかわり、いかがですか」
飯田：「じゃあ、同じ物をお願いします」
女の子：「はい！」

女の子は、空になったグラスを持って厨房のほうに姿を消しました。

女の子：「はい！ お待ちどうさま」

顧客のギモン3
「テーブル伝票も残さないといけないんですか？」

小さな手にグラスを二つ持って、筆者たちのテーブルにやってきます。

飯田：「ありがとう。偉いねぇ。お歳はいくつなの」

女の子：「6歳！」

飯田：「へぇ〜。6歳でお給仕もできるんだぁ。髪の毛キレイにまとめてるねぇ」

女の子は、少しはにかんだ様子で、筆者のテーブルの傍に立ったまま、話を始めました。

女の子：「うん！ 今日は、バレエに行って来たの。今度、発表会があるから、一生懸命練習してるんだ」

飯田：「そうなんだ」

女の子：「お姉ちゃんは、いつも電車に乗って小学校に行ってるけど、私も、同じ小学校に行くために塾にも行ってるの」

母親：「これこれ、何言ってるの。早くこっちでご飯食べてしまいなさい。すいません。お邪魔してしまって…」

飯田：「いえいえ、お手伝いして感心ですねぇ。将来は、お店の看板娘さんですね」

夜はコース料理のみという場合、注文をとるための伝票がないというお店、ありますよね。こういうお店は、売上はその日の現金有高から計上されていることになります。予約しないといけない店であれば、予約簿は必ずあるでしょう。そうすると、予約簿は売上を把握する際に重要な原始記録となります。

また、お店に子どもさんがいて、空いた席で晩御飯を食べていました。これは、家事消費になるのですが、これがきちんと売上に加算されているのか、確認する必要もあります。女の子が話している内容にも興味深いものがあります。調査官であればチェックするべき事項がたくさん含まれているのですが、気付いたでしょうか。

・バレエを習っている。
・電車に乗って通う小学校に行くため、塾に行っている。

この2点については、お店の売上や経費が書かれた帳簿からは知ることのできない情報です。

6歳の子どもがバレエを習っていて、お姉ちゃんは、電車に乗らないといけない小学校に行っている。そして、自

分もその小学校に行くために塾に行っているというのは、普通の地元の小学校ではなく、私立か国立の付属の小学校のことでしょう。この家庭では、子どもに関する教育費は、かなり使っていると予測できるでしょう。このように、その事業主の生活レベルを把握するには、子どもも含め、そのご家族と十分にコミュニケーションをとる必要があるということなのです。

お客様である経営者に個人経営の時代から、適正に申告をしていただくためには、このような家族の生活レベルについても知っておくべきことが必要です。

税理士は、預かった書類を見て決算書や申告書を作成するにとどまらず、その家族がどのような生活をしているのか、そのことを知るためには、しっかりとお客様である経営者とコミュニケーションをとっておくことが大切なのです。

ここまでのポイント

●現金商売である飲食店の顧問になったら、まず、実際にそのお店に行ってみましょう。

●注文をしたときに、どんな伝票にどんなことを書いているのかもチェックしましょう。

●テーブル伝票は、売上を確認する際の大切な原始記録であることをお客様である経営者にしっかり伝えておきましょう。

くても、その一家が生活していくために最低限必要なお金を計算すると、可処分所得はいくらかを算出することができるのです。このことを、税理士は、常に念頭に置いておくべきです。

決算を組んでみて、納める税金の計算をする前に、決算書上チェックするべきところがあります。それが、青色申告特別控除前の金額、特前所得です。実は、個人課税部門の調査官たちは、この特前所得を注視しています。基本的に、この特前所得と可処分所得は同じくらいにならないとおかしいということに、顧問税理士は気付くべきです。

個人事業主の場合、必要経費それぞれに、生活で使った費用が含まれている可能性があります。たとえば、ひとつの勘定科目に10万円、生活で使った費用が含まれていたとしましょう。勘定科目の数が20あれば、それだけで、200万円になります。これは課税所得を200万円少なく申告しているということになるのです。

最低限生活するための数字が決算書で表現されていないと、税務調査に選んでくださいと言っているようなものです。お客様である経営者の一家が生活できるだけの所得金額がはじき出されているか。信頼される税理士になるには、そういう視点からも、申告内容をチェックする目を養うことが必要だと思います。

【コラム】

～経営者に税務知識を やさしく解説しよう～

その③「可処分所得と特前所得」

「個人事業主の調査って、記録を残していない人が結構いるのに、どうやって調べるんですか？」

この質問、経営者だけではなく、試験組の税理士さんからもよく受けます。可処分所得という考え方がありますが、個人事業主の税務調査を担当する調査官は、調査対象になる事案を検討する時から、この可処分所得について考えています。可処分所得は、平たくいうと、その方が、生活するためにどれだけのお金が必要であるかということです。

4人家族が1か月間生活をするのに、どれくらいのお金が必要か考えてみましょう。

- 食費……90,000円
- 子どもの教育費……100,000円（学費・塾・習い事など）
- 生命保険料……30,000円
- 社会保険料……25,000円
- 家賃……70,000円
- 水道光熱費……15,000円
- 積立て……40,000円
- 主人の小遣い……30,000円

ざっと、400,000円は必要という計算になります。これが可処分所得です。商売をしていて、売上に関する記録を残していな

税理士事務所あるある①

実は、税理士事務所って採用が大変なんです…。

こんにちは、Credo税理士法人です。このコーナーでは、最前線の現場で日々活動している私たちの生の声もお届けしたいと思い、「実は…」な話を【税理士事務所あるある】として、お伝えしたいと思います。

最初は、「採用」についてのお話です。

昨今、日本は、どの企業でも人手不足で悩んでいます。個人事業主や、中小零細企業では、本当に厳しい状況となっています。

実は、これって、税理士の業界にも言えることなんです。

瀬戸際税理士法人のような小規模な事務所は、業務が忙しく教育体制がありません。ブランドや知名度不足のため、大規模事務所から見劣りすることが多く、新卒者を採用できる状況ではないのが現実です。もっとも、こういった事務所に限って手書きの申告書など、昔からのやり方に依存し続けていることも特徴だと思います。

小規模事務所だからこそ、新しいテクノロジーをどんどん取り入れて、人の力に頼らない仕組みをつくることが必要だと思います。そのうえで、人にしかできない相談業務やコンサルティング業務にシフトしていくことで、高付加価値なサービスを売りにするべきだと思うのです。従来のやり方をそのまま続けていては、優秀な人材が集まらないのも無理はないでしょう。

従業員数が30人ぐらいの規模で、少し体力がある事務所になってくると、人材紹介会社や、スカウト型のサービスに100万円以上の高いお金を払うことで即戦力として期待できるスタッフを採用できるかもしれません。ただ、せっかく採用しても、所長やベテランスタッフから、思ったような評価がもらえない、給料がいつまでたっても上がらないという理由で、離職してしまうことも多いように思います。結果として、幹部はずっといるけれど、2年経つとスタッフは総変わりしているなど、「採用→離職」の負のスパイラルから抜け出せないという問題もあります。

Credo税理士法人では、

- 知識や経験が少ない方でも、顧問先の毎月の会計処理が進められるように、業務フローを整備し、標準化を進める
- 10種類以上のクラウドサービスをフル活用し、業務の自動化を行う
- 手書きの伝票や申告書も一切なくし、顧問先から預かる書類もすべて電子化を進める

このような体制で業務を行っています。そのため、最低限のパソコンスキルがあれば、あとはポテンシャル重視で採用しています。採用後も、明確な評価基準のもと、半期単位で目標設定と振り返りを行い、従業員と管理職の間でのコミュニケーションもしっかりとるようにしています。

事務所としてどういった方向に進むのか、新しく採用する人材にはどのようなことを求めるのかを、常に明確にしておくことが、採用で困るという〝税理士事務所あるある〟を防ぐことにつながっていくのではないかと思います。

顧客のギモン3
「テーブル伝票も残さないといけないんですか?」

第2章

「実家の父が娘の通帳を作ったんですけど、大丈夫でしょうか？」

番頭の根田宮さんは、48歳。大学卒業後、金融機関に勤めていたのですが、激務のため体を壊し休職。その頃、大学の先輩の瀬戸際税理士と再会し、瀬戸際税理士法人に勤めるようになったのでした。根田宮さんは、金融機関では融資担当をしていたので、瀬戸際税理士法人では、お客様から融資の相談を受けると根田宮さんに融資を通すコツを教えてもらっています。

根田宮さんは、瀬戸際税理士法人のナンバー2なので、番頭さんと呼ばれていました。番頭だなんて、なんだか、時代劇みたいですけど、税理士業界では、そんな呼び方をしている事務所もあるようです。

大先生はほとんど事務所にいないのですが、根田宮さんは、本当に必要な時しか外出しません。根田宮さんは、結婚が遅く、一人娘は現在6歳。子煩悩で、机の前には、愛娘の写真が置いてあります。

突然ですが、ランドセルが一番売れる時期はいつか、ご存知でしょうか。年末やお正月かなって思いますよね。とある調査によると、夏なんだそうです。お盆で帰省した際に、おじいちゃん、おばあちゃんは、久しぶりに孫に会えるので大喜び。おじいちゃんやおばあちゃんは、孫のためだったらお金に糸目をつけないので、この時期、一番、ランドセルが売れるというのです。子煩悩だけど、ケチの根田宮さんは、妻の親に子どものランドセルを買ってもらおうとたくらんでいるようでした。

2015年に相続税法が改正され、基礎控除額が少なくなったことで、相続税対策を考える高齢者の方が増えているようです。筆者は、高齢者向けに生前贈与などお金の話をすることもあるのですが、

〝嫁には渡したくないけど、孫にはお金を残しておきたい！〟

と思っている方が、結構いらっしゃるようです。

それを思うと、根田宮さんの思惑はあながち間違いではないと思うわけです。

さて、津井輝税理士が担当している真面目さんの実家のお父さんですが、どうやら相続税対策を考えているようです。

顧客のギモン4
「実家の父が娘の通帳を作ったんですけど、大丈夫でしょうか？」

真面目：「親父の家に下宿してる娘から、久しぶりにメールがきたんですけど、親父に預金通帳を作ってもらったっていうんですよ」

津井輝税理士：「そうなんですね」

真面目：「それが、娘が言うには、通帳は作ったけど、親父が預かっておくって言われたそうなんです」

津井輝税理士：「お父様は、相続税対策を考えておられるのかもしれませんね」

真面目：「相続税対策、ですか」

津井輝税理士：「ええ、真面目さんのお父様が娘さんの名義の通帳を作られたというのは、真面目さんのお父様が生前贈与をお考えなのかなって、思います」

真面目：「生前贈与…？それってどんなものなんですか」

津井輝税理士：「う〜ん、なかなか一言で説明するのは難しいんですけどね」

真面目：「もったいぶらないで、教えてくださいよ」

津井輝税理士：「相続や贈与のことは、ケースによっていろいろなんで、一部分だけ聞いて、誤った判断をしてもらっても困るんでねぇ」

真面目：「そんなぁ、意地悪言わずに教えてくださいよ」

元国税調査官 飯田真弓税理士からのおせっかいアドバイス

「国税庁レポート」では、各税目の実調率を公表しているのですが、ここ数年、実調率が増えているのが相続税の調査のようです。これは、2015年に相続税法が改正され、基礎控除額が大幅に少なくなったことが影響しているといわれています。

計算式だけでは、なかなかお客様である経営者に説明しにくいと思うので、実際に数字を当てはめて、改正前と改正後の相続税の課税価格にどれくらい差がでるのか見ていきましょう。

相続税の基礎控除額

〈改正前〉
2014年12月31日以前
5,000万円＋1,000万円 × 法定相続人の数

〈改正後〉
2015年1月1日以降
3,000万円＋600万円 × 法定相続人の数

ご主人が亡くなり、相続人は、妻と子ども2人の場合

〈改正前〉

5,000万円+1,000万円 ×3人=8,000万円

となり、相続財産が8,000万円未満であれば、
相続税は課税されませんでした。

〈改正後〉

3,000万円+600万円 ×3人=4,800万円

となり、遺産の金額が4,800万円を超えると
相続税がかかることになりました。

4,800万円という数字、どうご覧になりますでしょうか。
真面目さんのお父様は、ご自身の財産は、
4,800万円を超えると判断されたのだろうと思います。
それで、お孫さんへの生前贈与を考えたのでしょう。

たとえば、真面目さんのお父様の持ち家の評価額が
4,000万円で、預貯金を3,000万円お持ちで、
お亡くなりになった場合を考えてみましょう。

4,000万円+3,000万円=7,000万円

7,000万円−4,800万円=2,200万円

で、2,200万円は、相続税の課税対象となります。

それで、今、しきりに言われているのが、相続対策です。

相続対策の3つの柱と言われているのが、

・生前贈与
・不動産
・生命保険

です。

このうち、生前贈与は手軽なので、一番選ばれています。

中でも、「暦年贈与」は、最もオーソドックスな方法だといえます。一人に対して年間110万円までの贈与であれば非課税となる制度です。一人につき110万円ずつなので、何人に対して贈与しても構いません。

真面目さんの場合、お孫さんは二人います。孫二人に毎年110万円ずつ贈与した場合、10年で合計2、200万円贈与することができるというわけです。

先ほど真面目さんのお父様の財産が7、000万円と仮定しましたが、2、200万円が生前贈与で非課税になるとすると、真面目さんのお父様の相続財産は、持ち家の評価である4、000万円と預貯金800万円（3、000万円－2、200万円）になります。

4、800万円－4、800万円＝0円

ということで、今から、孫二人に対して、毎年、10年間、110万円ずつ、贈与しておけば、相続を受けた人は相続税を納めなくても済むという計算になります。

ここで問題になるのが、孫名義の口座を作ってから、どのようにしていたかということです。真面目さんの娘さんは、

〝通帳を作ってもらったけれど、預かっておくと言われた〟

と言っていました。実は、これが問題なんです。形式的には、娘さんの通帳を作り、お父様が娘さんの通帳に110万円を入金すれば、要件を満たしていると思えます。でも、国税当局はそうは見ない場合があるんです。

孫の名義の通帳をおじいちゃんがずっと保管していて、おじいちゃんが亡くなって、相続税を申告し、数年後、相続税の税務調査が入ったとしましょう。

調査官：「お孫さん名義の通帳の保管状況について教えていただけますか」

妻：「夫がずっと保管していました」

調査官：「名義はお孫さんになっていますが、通帳はずっとご主人が持っておられたとい

うわけですね」

妻：「ええ、そうです」

調査官：「じゃあ、それは、生前に贈与したとはいえませんね」

妻：「え〜、そんなぁ…。孫の名義で、ゆくゆくは孫にこのまま渡そうと思っていたのに」

生前贈与は、あくまでも贈与を受けた人、この場合、お孫さんが利用できる形でないと認められません。また、受け取る側が贈与されているという認識がないと、暦年贈与の対象とはならないのです。もう一つ、注意すべき点は、財産を相続する日からさかのぼって3年以内の贈与については、暦年贈与の非課税枠の範囲内でも相続税の対象になるということです。

相続税は、基礎控除額が少なくなった分、申告が必要な人が増えました。預貯金がないけれど持ち家があるので、相続税を納めないといけないという事例も増えているようです。相続税は、商売をしていなくてもサラリーマンの方にも関係してきます。給与所得者であるサラリーマンは税理士とはなじみの少ない人たちです。ネットで調べて自分で申告書を書いて提出したけれど、本当はそんなに納めなくてもよかったという例も増えているようです。

津井輝税理士は、居酒屋「大真面目」を経営している真面目さんとは顧問契約をしているので、お客様だと思ってアドバイスしていますが、実家のお父様のことは、お客様ではないと思っていたのかもしれません。

ちょっと、いやらしい話をすると、相続税は一回限りですが、報酬を考えるとオイシイ仕事です。真面目さんご家族のことについて、ご実家のことも含めて話を聞くことで、相続税の仕事につながっていくかもしれません。そんな意味からも、顧問のお客様と関係のある方のことについては、どんな小さなことでも耳を傾け、親身になって聴かせていただくという姿勢を持っていれば、そのスタンスが自ずと、自分の税理士としての仕事につながっていくのではないかと思うのです。

今まで、税理士の中には、相続や贈与について、納めるべき税金が発生し、申告書を作成するに至らない場合は仕事ではないという考えの方が多かったように思います。けれども、最近問題になっているのは、納める税金は発生しないけれど、その分け方で揉めるケースがあるということです。

税理士は、身近な法の専門家として、関わりのあるご家族がお金のことでトラブルにならないように気配りすることも大切だと思います。ここでも、税理士のコミュニケーション能力が問われることになるのです。お客様である経営者からの質問は、億劫がらずに何でも聴かせていただくこと。このことが、選ばれる税理士への、遠いようだけど早道だと思います。

ここまでのポイント

- お客様である経営者のご両親やご兄弟の状況については、早い段階で聴き取りをしておきましょう。
- お客様である経営者のご両親については、相続税のお客様になる可能性を踏まえて、お話を聴いておきましょう。
- 相続税の基礎知識については、機会を見つけてお客様である経営者にお話をしておきましょう。

顧客のギモン4
「実家の父が娘の通帳を作ったんですけど、大丈夫でしょうか?」

昨年、男優が助演女優賞を獲得したドラマ、ご存知の方もいらっしゃるかと思います。その中で、同性愛の方が、自分の財産を、自分を勘当した両親ではなく、人生のパートナーとして一緒に苦労してきた男性に遺すため、養子縁組することを弁護士に頼みにいくという回がありました。

「私が歯を食いしばって稼いだお金を、両親にはびた一文渡したくないんです」

という場面は、涙なくしては見られませんでした。

これは、弁護士に頼んだ例ですが、相続に関する相談は税理士にもたくさん寄せられると思うのです。伝えたい人に、お金と思いを同時に伝えるには、遺言書を書くという方法があります。お金の分け方やそれにかかる税金のことだけではなく、被相続人になられる方の思いをどう伝えるのか。そのために尽力するのも、これからの税理士には必要なのではないかと思います。

お客様である経営者のご両親がどんな生活をされているか。そんな話も聴かせていただけるような関係を作ることができれば、税理士としての仕事の幅も広がっていくのではないかと思っています。

【コラム】

～経営者に税務知識を やさしく解説しよう～

その④「遺言書」

2015年に相続税の改正がなされたことで、一般の方の相続に対する関心は高まっていると思います。当たり前のことですが、遺産が、相続税の基礎控除金額を超えると、相続人が相続税を納めなければなりません。どうすれば相続税を納めずに済むか、素人なりに、色々と調べている方が増えているように思います。

税理士の仕事は税に関する書類を作成すること。当然ですよね、独占業務ですから。でも、相続税を納めるに至らない人ほど、相続でもめているという事実もあるようです。相続を、「争続」とか「争族」という文字をはめて、皮肉った言い方をするのはそのためでしょう。遺産を巡って親族がもめるのは、なんとも痛ましいことだと思うのです。

お父様や、お母様、被相続人になられる方は、何を遺したいのか。もちろん資産なのですが、それ以上に、その資産を培ったまでの「思い」を、遺族に引き継ぎたいと願っているのではないでしょうか。現在の財産状況を調べて、「これなら、相続税はかからないので、大丈夫です」とお伝えしたとしても、財産分与はしなければなりません。

ここで、相続税の申告書を書かないのなら、税理士の仕事ではないのでは…。

そんな声が聞こえてきそうですね。

顧客のギモン5

「大学生の娘は学生なんだから扶養家族でいいですよね！」

税理士事務所や税理士法人の繁忙期は、言わずと知れた確定申告時期。2月から3月にかけては、休日返上という事務所も多いかと思います。そのピークが終わると、3月決算の法人の申告で5月末まで大忙しとなります。

一方、国税当局は、7月から事務年度が始まります。7月から12月までは、ナナジュウニと呼ばれ、その6か月間は、税務調査の最盛期です。年が明けるとカクシンキと呼ばれる時期に突入します。1月からは、サラリーマンや年金受給者の還付申告がメインで、2月から3月にかけては、個人事業主の確定申告の事務に追われます。

確定申告が終わると、しばらくは内部処理の時期があり、本格的に税務調査のモードに入るのは、ゴールデンウィークが明けたころという感じでしょうか。4月から6月にかけてはヨンロクと呼ばれています。この時期の税務調査は、比較的ライトな案件のことが多いといえるでしょう。

そんなわけで、税理士事務所がゆっくりできるのは、調査官たちの定期異動の後、7月から8月にかけて、というところでしょうか。

8月、瀬戸際税理士法人が一番和やかなムードになる理由がもう一つあります。それはお中元大抽選会があるからです。お客様から届いたお中元を事務員みんなで分け合うのですが、重里華事務員はいつもこの時期、機嫌がよくなります。

そんなわけで、8月、瀬戸際税理士法人では残業することも少なくなりました。そこで、津井輝税理士は、はじめて、居酒屋「大真面目」にお客さんとして行ってみることにしました。

真面目：「いや〜、津井輝先生。うちの店に飲みに来てくださるなんて、嬉しいですよ」
津井輝税理士：「ずっと、お客さんとして来たいって思ってたんですけどね。なかなか、来られなかったんですよ」
真面目：「それって、毎日、残業してるってことなんですか」
津井輝税理士：「まあ、そういうことになりますかねぇ」
真面目：「津井輝先生、働きすぎですよ」
津井輝税理士：「どうなんでしょうかねぇ。専門学校の同期の奴らに聞いても、税理士事務所はどこもそんな感じみたいですけどね」
真面目：「夏休み、あるんですか」
津井輝税理士：「お盆は、事務所自体が休みになるんで、友達と遊びに行こうと思ってるんです」
真面目：「お盆は、うちも休みますけどね。でも、休んでもどこに行くってわけでもないですからねぇ」
津井輝税理士：「娘さん、お盆に、実家に帰って来られるんですか」
真面目：「いや〜、それが、帰って来ないみたいなんですよ」
津井輝税理士：「それは、残念ですね」
真面目：「嫁さんは、お盆くらい帰ってくればいいのにって、愚痴ってますよ」
津井輝税理士：「でも、それって、娘さんが、大学生活を満喫されてるってことなんですよね。いいじゃないですか」
真面目：「まあ、そう言われてみれば、そうなんですけどね」
津井輝税理士：「部活とか、サークルとかやっておられるんですか？」
真面目：「チアリーダーっていうんですか。ミニスカート履いて、飛んだり跳ねたりするあれをやってるんですよ。娘は、そんなに運動ができるタイプじゃないと思ってたんですけどねぇ。まあ、楽しそうにやってるみたいなんで、文句は言えませんけどね。なんでも、今度、アメリカに行くって言ってました」

津井輝税理士：「へぇ〜。アメリカですか。いいな〜。私は、まだ海外に行ったことないから、うらやましいです」

真面目：「こっちは、ひぃひぃ言って毎月仕送りしてやってるんですけどねぇ。親の気も知らずにのんきなもんですよ。そうだ、津井輝先生、離れて暮らしていても、実の娘だし、それに娘の学費は私が払ってるんだから、娘は私の扶養家族に入れてもいいんですよね」

津井輝税理士：「学費も払って、生活費のための仕送りもしているということであれば、扶養家族でいいと思いますよ」

真面目：「でも、嫁さんが、娘がアルバイトしているから扶養家族に入れられないんじゃないかとか言ってるんですけど、大丈夫なんでしょうかねぇ」

津井輝税理士：「娘さん、アルバイトされてるんですか」

真面目：「ええ、そうらしいですけど」

津井輝税理士：「アルバイトしてるとなると、ちょっと話は違ってくるかもしれませんねぇ」

真面目：「えっ、どう違ってくるんですか」

津井輝税理士：「また、事務所に来られた時にでもゆっくりお話ししましょう」

元国税調査官 飯田真弓 税理士からの おせっかいアドバイス

税理士と経営者のやりとりって、こんな感じでそのままになっていることが多いように思います。質問する側の経営者は、様々な情報の中から自分に都合のよいことだけを切り取り、そこに当てはめて部分的に質問して、税理士さんが、それを否定しなければOKだと思ってしまうことが多いのではないでしょうか。税理士は税務のプロですから、お客様である経営者からの質問について、その真意はどこにあるのか。そのことを常に考えて回答する必要があると思います。

今回のやりとりの場合、まず認識しておくべきことは、今、大学生のアルバイトはかなり稼ぐことができるということです。そして、アルバイトと一口に言ってもいろんなアルバイトがあるということです。真面目さんの場合、娘さんがどのような契約に基づいてアルバイトをしているのかを確認する必要があります。それによって税金の計算方法も違っできます。

〝そんなことまで、いちいちチェックしないとダメなんでしょうか？〟

と、思われたかもしれません。一旦、顧問契約したお客様に適正に申告していただくためには、ご家族の状況について、しっかり把握しておくことが必須なのです。

大学生の場合、手軽に高収入が得られるアルバイトの一つは「家庭教師」だと思うのですが、実は、家庭教師には、二つの働き方があるのです。

一つは、雇用契約に基づくもの。この場合、時給いくらということで、その責任の所在は元請けということになり、代わりに、アルバイトしている側の責任は問われず、ある程度身分の保証もされます。もう一つの形態は、請負契約によるものです。雇う側からすると、このほうが、人件費を消費税の課税仕入にもできるということもあり、家庭教師のアルバイトは、この業務委託契約になっていることが多いかもしれません。

家族がアルバイトをしていて、所得税法上で扶養家族に入れる収入金額の限度が年間103万円までというのは、雇用契約をしている場合の話です。業務委託契約の場合であれば、給与所得控除がないので、娘さんは、そのアルバイトの収入を得るために実際に使ったお金を差し引きして所得金額を算出しないといけないのです。

この説明を、真面目さんを通じて、娘さんにすることは、ちょっと難しいかもしれませんね。でも、お客様である真面目さんに適正な申告をしていただくためには大切なことです。しっかり説明し、娘さんの所得金額を把握することが必要です。

色々なアルバイトをしていると、所得税が源泉徴収されている場合もあれば、何も引かれていないということもあるでしょう。娘さんの側からすると、仕送りは仕送りでもらっておいて、足らない部分を自分のアルバイトで補っているので、その実態について親に知られたくないという気持ちがあるだろうと推測できます。子どもの立場になってみると、まあわからないでもないのですが…。

アルバイトだけではありません。とある地域の商工会議所の役員の方からこんな話を聞いたことがありました。

青年：「あの〜。ちょっと、相談したいことがあって来たんですけど」
商工会議所相談担当者：「はい、何でしょうか」
青年：「僕、ずっと家にいるんです」
商工会議所相談担当者：「えっ、家にいるってどういうことなんですか？」
青年：「大学に通ってたんですけど、今は、行ってないんです」
商工会議所相談担当者：「大学に行ってない？」

青年：「親が、年数はかかっても大学は卒業するようにってうるさく言うんで、退学はしてないんですけど。それに、僕は働く気もないんです」

商工会議所相談担当者：「なるほど」

青年：「で、今日は、教えて欲しいことがあって、ここに来たんです」

商工会議所相談担当者：「どんなことでしょうか」

青年：「確認なんですけど、僕、働いてないんですよ」

商工会議所相談担当者：「大学生だけど、大学に行かずに家にいるってことは引きこもりってことですか」

青年：「引きこもりって、失礼な言い方しないでくださいよ。今日、ここまで来てるじゃないですか」

商工会議所相談担当者：「すいません」

青年：「だから、聞きたいのは、働いてなくても税金って払わないといけないのかってことなんです」

商工会議所相談担当者：「えっ、それってどういうことですか？」

青年：「僕、働いてないけど、収入はあるんです」

商工会議所相談担当者：「働いてないけど、お金を儲けているってことなんですか？　儲かったら税金を払わないといけませんけど」

青年：「やっぱり…。もしかしてそうかなあと思ってました。でも、税務署に行くと叱られるんじゃないかって思って、商工会議所に来てみたんです」

ここ数年、小学生のなりたい職業にユーチューバーが浮上し、世の中変わったもんだと思っていました。この青年、第一志望の国立大学には入学できず、親から浪人は許さないと言われ、そんなに行きたくなかった今の大学に入学したんだそうです。もともと入りたい大学ではなかったこともあって、他の学生とのちょっとしたトラブルから、大学に行くのが嫌になり、そのまま引きこもりになってしまったのでした。昼夜逆転の生活をする中、ネットで色々やっているうちにお金儲けができるようになったんだそうです。

そして、儲かったお金で、欲しいものを購入したりするうちに、儲けたら税金を払わないといけないのではないかと思うようになったそうです。でも、税務署に相談に行くと、いきなり税金を払うように言われるのではないかと思い、商工会議所に相談に来たということでした。

商工会議所の役員の方によると、この青年のように、

〝自分は労働をしていないから、税金を払わなければならないとは思っていなかった。〟という人が、少なくないそうなのです。何年も申告しないままになっていて、でも、儲かっていることは自分でわかるので、段々と後ろめたくなってきて相談に来るのだそうです。

真面目さんのように子どもさんと離れて暮らしていると、どんなアルバイトをしているかがわかりませんよね。同じ屋根の下に暮らしていても、子どもがネットで稼いでいることはわからないものです。介入というとちょっと嫌な言葉に聞こえるかもしれませんが、そのお家の世帯主の顧問を依頼されたということであれば、関係する家族の収入状況はすべて把握することが必須となります。

親子の関係が良好でないのに、税理士が急にお金の話を切り出すというのも、難しいと思います。

お客様である経営者と、表面的な付き合いではなく、家族のことも気軽に話せる関係を作ること。適正に申告していただくためには、ことあるごとに、ご家族の状況も聴き取りできる関係を作っておくことは必要だと思います。

ここまでのポイント

- 離れて暮らしている子どもさんのアルバイトの内容を確認するようにしましょう。
- アルバイトが「家庭教師」の場合、雇用契約を結んでいるのか、業務委託なのかを確認しておきましょう。
- アルバイト先から、源泉徴収票を取り寄せ、確定申告をするように伝えておきましょう。

年〕分以降)。子どもさんは、年間所得が48万円以下なら扶養家族に入れるので、48万円+55万円=103万円までであれば、所得税がかからず、扶養家族に入れます。でも、これが、雇用契約ではなく、業務委託契約となると、自分で必要経費を計算して所得金額を算出しないといけなくなるんです。家庭教師ってそんなに経費がかからないので、年間48万円以下にはならないことが多く、親御さんの扶養家族に入らないという結果になるわけです。

この話は、昨年、朝日放送の「ビーバップ！ハイヒール〜元国税調査官が明かす！怖〜い税金トラブル」という番組の中でも再現VTRを作って放送していただいたのですが、給与所得者であるサラリーマンの方にも関係のある話です。

お客様である経営者の子どもさんがどんなアルバイトをされているか。早い段階で知っておけば、年末になって扶養控除に入ることができないと慌てないで済みます。ここでも、顧問の税理士として、日ごろから、お客様である経営者とコミュニケーションをとっておくことが重要だといえるでしょう。

【コラム】

～経営者に税務知識を やさしく解説しよう～

その⑤「雇用契約と業務委託契約」

親元を離れて大学に通っている子どもが、仕送りだけでは足らずに、アルバイトをしているということはよくある話です。

親御さんからすると、仕送りをしているのだから扶養家族に入って当然、勉強をするために大学に行かせてるんだから、たとえアルバイトをしていても、収入はしれた額だろうと思っているんですよね。ところが、です…。今のご時世、アルバイトって結構稼げるんですよ。

確定申告の時期になると、お客様の扶養家族について確認する必要が出てきます。離れて暮らしている子どもさんに収入があるのかどうかということは、ちょっと聞きにくいかもしれません。でも、ここで一歩踏み込んで聴き取りをしておかないと、お客様である経営者からお叱りを受けることになりかねないのです。

大学生のアルバイトと一口に言っても、色々なタイプのものがあるようです。特に、大学生の場合、家庭教師のアルバイトをされている方は多いと思いますが、先ほど解説したように、この家庭教師は曲者なんです。

子どもさんも、年間103万円までに抑えておけば、扶養家族に入れるということをご存知の方が多いようです。でも、これは、雇用契約、給与所得の場合のお話なんです。

給与所得は給与所得控除が55万円あります（令和2年〔2020

顧客のギモン6

「〝まかないあり〟は国税に目をつけられやすいんですか?」

日本の労働人口は年々減少しています。人手不足は飲食業界も例外ではありません。最近、外国人がアルバイトしている姿をよく見かけるようになりましたよね。中学校から高校まで6年間、英語を習ってきたのに、道案内すらできない筆者は、お店で敬語を使って接客している外国人を見ると、偉いな、凄いな、といつも感心しています。

さて、居酒屋「大真面目」の店主である真面目さんも、いよいよアルバイトを募集することにしたようです。

真面目:「津井輝先生、私、この前、嫁さんに店を手伝ってもらうことにしたって言ってたじゃないですか」

津井輝税理士：「そう言われてましたね」
真面目：「でも、ちょっとしばらく嫁が店に出られなくなったんですよ」
津井輝税理士：「毎朝、5時に起きて、子どもさんのお弁当も作ってるって言われてましたもんね」
真面目：「まあ、それもあるんですけどね。それでね、店にアルバイト募集の貼り紙をしたら、アルバイトに来てくれた人がいたんで雇ってみたんですけど、3日で辞めてしまったんです」
津井輝税理士：「3日で、ですか」
真面目：「はい…」
津井輝税理士：「それは、残念でしたね」
真面目：「で、辞めるって言われた時に、どうして辞めたいと思ったのか聞いてみたんですよ。そしたら、居酒屋だから当然、晩御飯はただで食べさせてもらえると思ってたのに、それがないとわかったからだって、そう言われたんです」
津井輝税理士：「そんなことを」

真面目：「ええ。やっぱり、求人は〝まかないあり〟にしないとダメなんですかねぇ」

津井輝税理士：「まかないあり、いいかもですね」

真面目：「じゃあ、今度は、チラシに〝まかないあり〟って書いて募集してみることにします。津井輝先生も、バイトしたいっていう人がいたら紹介してくださいよ」

津井輝税理士：「わかりました」

元国税調査官
飯田真弓 税理士からの
おせっかいアドバイス

真面目さんと津井輝税理士との会話。ご覧になってどんな風に思われたでしょうか。津井輝税理士は、税金のプロとして、税理士として、もう一歩踏み込むべき部分があったように思うのですが、いかがでしょうか。

それは、「まかない」という言葉が出てきたところです。居酒屋などの求人広告で、「まかない無料」というアルバイトの募集を見たことがあるかと思います。「まかない」とは、飲食店などがその店で働く従業員などに食事を食べさせることをいいます。お客さんには出していない裏メニューのような感じで、テレビ番組で紹介されていることもありますよね。

「まかない」は、従業員の空腹を満たすため、厨房でこっそり食べてもらうメニューというイメージですが、食材としてはお店に出しているものと同じなので、美味しい料理が食べられます。お店の常連さんが「まかない」を食べてみたところ、美味しくて定番メニューになったり、評判になってテレビの取材を受けたりという話も耳にします。

実は、この「まかない」、基本的に税金がかかるということは、税理士である読者の方はご存知だと思います。でも、真面目さんはどうでしょうか。真面目さんは、「まかない」と税金が関係しているなんて、全然知らないだろうと思うんです。

居酒屋でアルバイトの人に「まかない」を食べさせる場合、源泉所得税という税金がかかります。人を雇おうとすると、雇い主は源泉徴収義務者になるわけですが、津井輝税理士は、真面目さんが、人を雇いたいと思っているという話をし始めた段階で、源泉徴収の話をするべきだったと思います。

真面目さんが、まだ人を雇うことを考えていないということであれば、わざわざ源泉徴収の話をしなくてもよいでしょう。でも、今回は、真面目さんのほうから、人を雇ってみたけれど、すぐに辞めてしまって困っている、という相談を持ち掛けてきているわけです。それなのに、「そうですね」「そうでしたか」という受け答えをしているだけでは、税の専門家といえないのではないでしょうか。

「まかない」については、所得税法の源泉所得税の中に謳われています。「まかない」は、基本的にその「まかない」を食べた人への現物給与として扱われます。「現物給与」というのも、また、一般の方には耳慣れない言葉です。平たくいうと、「まかない」はお給料として税金を計算する際に含めなければいけないと決められているということです。
法律では、所得税法の36条に書かれています。ただ、法律のややこしいところは、「原則はそうなっているけれど、特定の条件を満たしていれば、課税にならない場合もある」という規定が別に設けられているという点です。お客様である経営者に税法について説明する場合、税法をそのまま読んで聞かせてもなかなか理解しにくいと思います。その経営者に対して、その時に説明しないといけない事項は、基本通達の解説書のコピーなどを渡して、それを読みながら説明するとよいでしょう。具体的な数字などは、耳で聞いただけではなく、紙に書いたものを持っているほうがお客様である経営者も安心です。

税務調査で調査官が間違いを見つけた際、
経営者：「そんなこと、初耳です。税理士さんから、聞いたことありません」
税理士：「いえいえ、それはきちんと説明しています」
というように、水掛け論になる場合がよくありました。顧問の税理士として、お客様である経営者に押さえておいて欲しい点については、その人の理解力に応じた文書を作成し、記録に残るような形で指導しておくことが大切だと思います。業務日誌をつけることも一つの手かもしれませんね。

――○月○日、真面目さんから、まかないの話が出たため、源泉徴収義務者である話と、まかないには現物給与として税金がかかる場合があることを説明した。――

こういう記録だけでも残っていれば、税理士から聞いてない、教えてもらっていないという事態を避けることができると思います。

さて、「まかない」は、次の二つの要件の両方を満たしていれば、給与として課税されないということになっています。

(1) 役員や使用人が「食事の価額」の半分以上を負担していること
(2) 次の金額が1か月当たり3,500円(税抜)以下であること

「食事の価額」―「役員や使用人が負担している金額」

なお、ここでいう「食事の価額」は、次の金額になります。(所基通36－38)

i　**使用者が調理して支給する食事：その食事の材料等に要する直接費の額に相当する金額**

ii　**使用者が購入して支給する食事：その食事の購入価額に相当する金額**

ちょっと、一言では説明しにくい感じになってきましたね。では、具体的な数字を入れて考えていきましょう。まずは、「1か月3，500円以下」をクリアしなければなりません。真面目さんは、アルバイトは二人雇って、一人は、月・水・金に、もう一人は、火・木・土に来てもらいたいと考えています。

一人当たりの「まかない」について考えてみると、シフトで、一人が週に3日、4週間働くとすると、

3日×4週間＝12日

1か月12日、勤務することになります。

3，500円÷12日＝291円

一人、1日あたりの食事の金額からアルバイトの方の負担金額を差し引いたものが、291円以下であれば、（2）についてはクリアしたことになります。

さらに、「アルバイトの負担額」が、「食事の価額」の半分以上になればいいということなので、「食事の価額」を500円と仮定して計算してみましょう。アルバイトの方が、500円の半分以上負担しないといけないのですから、251円負担するとした場合にはこうなります。

500円－251円＝249円

1か月のまかない費用を勤務日数で割った、291円を下回りました。

よって、仕入値500円に相当する夜ご飯は、アルバイトの方に、251円負担してもらえば、現物給与として源泉徴収はしなくて済むという結論になります。

さて、ここまでの説明から、税理士として、どんなことが導き出せたでしょうか。

「まかない無料」を広告している店は要注意なんです。税務署はその広告を資料化するので、その店の調査では必ず「まかない」の処理の適否を検討されることとなります。

真面目さんと津井輝税理士の会話をもう一度振り返ってみましょう。

真面目：「ええ。やっぱり、求人は〝まかないあり〟にしないとダメなんですかねぇ」

津井輝税理士：「まかないあり、いいかもですね」

ここの部分です。

筆者ならどんなやりとりになるか、書いてみましょう。

真面目：「ええ。やっぱり、求人は〝まかないあり〟にしないとダメなんですかねぇ」

飯田税理士：「まかないありで求人広告をしようと考えておられるんですね」

真面目：「はい」

飯田税理士：「真面目さん、ちょっと確認なんですけど、源泉徴収という言葉を聞かれたことはありますか」

真面目：「何となくでしたら、知っています。私が大将のお店で働いていた時、年明けに、毎年もらってた小さい紙のことですよね」

飯田税理士：「そうですね。源泉所得税は、お給料を支払うときに、源泉徴収義務者である経営者の方が預かっておいて、お給料をもらった人の代わりに税務署に所得税を納めるっていう仕組みなんです」

真面目：「お店の大将が私の代わりに税金を納めてくれてたってことなんですよね」

飯田税理士：「はい。じゃあ、いい機会なんで、源泉徴収

について、少しお話ししておきましょう。経営者になって、人を雇うことを考え始めると、源泉所得税のことは、切りたくても切り離せない縁があるんです」
真面目：「えっ、どういうことですか」
飯田税理士：「〝まかないあり〟とチラシに書くのは簡単です。でも、そのチラシは、税務署もしっかり見ているんですよ」
真面目：「そうなんですか」
飯田税理士：「アルバイトの募集のことは、安易に考えず、もう少し考えてから広告を出すことにしませんか」
真面目：「わかりました。よろしくお願いします」

お客様である経営者は、税金について、知らないことだらけです。いろんな情報を入手して来られるのですが、一部の人にしか役立たないというものも、少なくありません。経営者に必要以上に知識を与えても、右から左に抜けてしまうだけということもあるでしょう。必要な情報を適切なタイミングで提供すること。そのさじ加減も大切です。お客様である経営者を面倒な気持ちにさせることなく、きちんとした申告に導くこと。ここでも、税理士としてのコミュニケーション能力が問われることになると思います。

ここまでのポイント

- 人を雇う話が出た場合、事業主は源泉徴収義務者になるのだということを税理士のほうから、切り出しましょう。
- アルバイトの募集をする際、まかないに関する表示については、必ず、税理士が事前にチェックするようにしましょう。
- アルバイトであっても、年末には、源泉徴収票を発行し、各自で確定申告をする必要があることを伝えましょう。

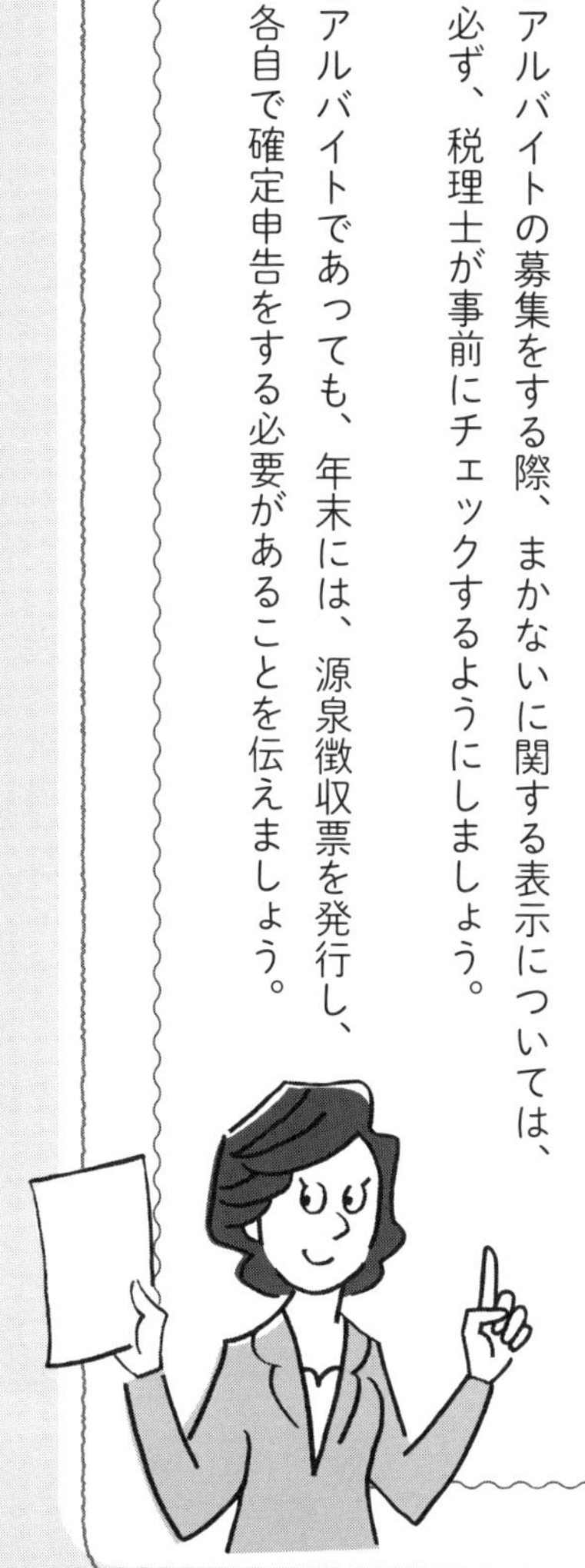

ぎてしまうとなおのことです。そんなときに活用したいのが､「事業主貸勘定」と「事業主借勘定」です。

基本的には個人事業主として経費にできないプライベート用の支出を「事業主貸」といいます。具体的には、事業用の口座から個人の国民年金や健康保険料を支払ったというような場合です。事業主にお金を貸しているので「事業主貸」といいます。

これに対して「事業主借勘定」は、プライベートな手持ちの現金を事業用の口座に充当したような場合です。事業主にお金を借りているので､「事業主借」ということです。

言葉を覚えることよりも、お客様である経営者に対して、事業用の口座からプライベートの支払いをしたり、逆に、事業用の口座の残高が少なくなったので、プライベートなお金を仕事用の口座に充当するようなことがあった場合には、後になっても説明できる記録を残しておくよう、指導することが大切だと思います。

【コラム】
～経営者に税務知識を やさしく解説しよう～
その⑥「事業主貸と事業主借」

税理士のお客様は、経営者がほとんどだと思います。一口に経営者といっても、事業の形態が法人組織の場合は、法人税法、個人事業主の場合は、所得税法に基づいて申告や納税をすることになります。飲食店の場合、いきなり法人登記をして開業するという方は少ないのかもしれません。まずは、個人事業主として独立し開業して、複数店舗を経営するようになってから、法人成りするという場合が多いのではないでしょうか。

個人で事業をする場合、個人特有の勘定科目があります。それが、「事業主貸勘定」と「事業主借勘定」です。

〝事業を始めたら、財布を二つ作りましょう！〟

言うのは簡単です。でも、個人で事業を始めたころは、事業のお金が足らずに家のお金を事業にまわしたり、お店のレジから、プライベートで使うお金を持ち出したり、ということがあるのではないでしょうか。飲食店などのように、普段、目の届くところに現金があると、つい、手が出て使ってしまうのが、人情というものなのかもしれません。事業用とプライベート用と、二つ財布を作ればそんなことは必要ないのですが、個人事業で経営する場合、それがなかなかできないというのが現実のようです。

お金に色はつけられません。使ってしまってから何日も日が過

税理士事務所あるある②

実は、税理士って独立してからが大変なんです…。

今回は「税理士の独立」についてのお話です。

税理士を目指している人、税理士試験に合格された人の中には、ずっと一つの税理士事務所に勤めるというよりは、どこかのタイミングで独立開業したいと思っている方が多いのではないでしょうか。

現在、税理士業界は、税理士事務所同士の合併（このあたりの内情は【税理士事務所あるある④】で詳しくお伝えします）や、所長先生の高齢化に伴う他事務所への事業承継など、寡占化が進んできているように感じられます。一方で、これまで税理士事務所にとって〝金のなる木〟だった記帳業務は、テクノロジーの進展によって、数年前から〝今後なくなる業務〟と言われるようになりました。

このような環境下で独立開業することは、かなり大変だと思うわけです。独立前の事務所からお客様を譲り受けて、自分の収入を確保し、そのお客様だけを守り続けるのであれば、しばらくは大丈夫でしょう。しかし、独立を志す以上は、自分が提供するサービスで社会に貢献したいという大きな志や、勤務税理士時代よりも多くの収入を得たいという思いがあるはずです。

そのためには新しいお客様を獲得する必要があり、多くの独立開業者はそこで困ってしまうのだろうと考えます。ホームページの開設や、

SNS、友人・知人含め既存の知り合いからの紹介であれば比較的費用かかりませんが、それでも限界は来るでしょう。

新しいお客様を獲得するために、月額顧問料の半年〜10か月分を支払って営業代行会社を使う、業務時間を削って異業種交流会に積極的に参加する、成約につながりにくいクリック型課金型の広告を出すなど、様々な販促活動の手段はあります。

しかしながら、そもそも自分自身は、どういうサービスで他の事務所と差別化をはかり、優位性・独自性を出していくのか。そこのところが明確でないと、販促活動を行っても効果が得られないと思います。

ワンストップでどのような業務でも行え、実績も豊富な大手事務所と差別化するために、美容・医療・介護・建設・IT など業種に特化したり、相続・国際税務・組織再編など、少し深い税務論点に特化したり、FAS（DDや事業評価など）を強みに持っていたりなど、様々な戦略を考え、うまくアピールしていく必要があると思います。

誰から見てもわかりやすいオンリーワンの事務所になれば、営業費用をかけずとも安定した集客ができるようになり、少しずつ事務所が軌道に乗るでしょう。

Credo税理士法人では、

●飲食専門に特化することで、飲食店経営をサポートするノウハウをどんどん蓄積する

●他の会計事務所より深く、より顧問先様に寄り添ったサービスの提供を心がける

●その結果、販促費用はほとんど必要とせず、その分高収益を実現し、従業員にも還元する

このような取組みを行うことで、独立開業後

も、お客様に選ばれる税理士法人として存続できています。税理士は、独立開業がゴールではありません。国家資格さえ持っていれば、いつでも仕事にありつけるというものではなく、どのような付加価値をつけていくかが非常に大切で、それを社外の方々に伝えていくことも、大切なコミュニケーションの力だと思います。ぜひ、独立開業を目指す税理士さんには、勤務税理士をされている時から、ご自身の強みは何か、常に考えながら日々の業務にあたって欲しいと思っています。

第3章

顧客のギモン 7

「飲食店は、突然税務署が来る確率が高いんですか？」

「おまえら、こんな弱いもんいじめばっかりして、そんなに楽しいか。警察は悪い事したら来るけど、おまえらは、何も悪い事してないのに来て、命の次に大事な金を持って行きやがる。だから、税務署は、警察より嫌いなんだ！」

筆者は、調査官当時、このような罵声を浴びることは日常茶飯事でした。経営者の中には、税務署は警察より嫌い、という方が多いようです。

居酒屋「大真面目」の店主である真面目さんは、税務署のことが嫌いというより、どうも怖がっているようです。

真面目：「津井輝先生、私、実は、今年あたり、税務調査に入られるんじゃないかって、ドキドキしてるんですけど、どうなんでしょうか?」

津井輝税理士:「真面目さんは、たしか、開業して5年目ですよね」

真面目:「はい、5年目になりました。私、瀬戸際税理士法人にお願いするまで、税理士事務所じゃない知り合いに頼んでたんですよ」

津井輝税理士:「そうみたいですね」

真面目:「その頃のことを突っ込まれたら、何て言ったらいいんだろうと不安で、不安で…」

津井輝税理士:「私が関与させていただく以前のことですもんね。その部分で間違いが見つかったら、そこは修正して、追加の税金を払ってもらうことになると思いますよ」

真面目:「そんな、冷たいこと言わないで助けてくださいよぉ」

顧客のギモン7
「飲食店は、突然税務署が来る確率が高いんですか?」

元国税調査官 飯田真弓税理士からの

おせっかいアドバイス

開業してから、何年過ぎても、経営者にとって税務調査は悩みの種です。特に、開業して初めての税務調査は、わからないことだらけで、経営者は不安でいっぱいな気持ちになるようです。一方で、確定申告書を提出し、次の確定申告を迎えるまでの間に、税務署から何も連絡がなかったら、その年の申告は内容を認められたのだ、おとがめなしなんだ、と思い込んでいる経営者もいらっしゃるようです。

国税庁は毎年、「国税庁レポート」の中で、実調率というものを公表しているのですが、個人課税の場合、1パーセントに満たない数字になっています。これは、経営者が100人いたら、1人しか税務調査に入られないという数字です。このことは、国家公務員税務職の人員が、暦年、5万人から増えていないということも原因のひとつといえるでしょう。お国といえども、経費削減は必須。財務省は、少ない人数で多くの税収を上げることで、コスト削減を狙っているのだと思います。

税務調査は、原則、事前通知をして行います。けれども、現金商売や多店舗展開をしているなど、国税当局が現場を押さえる必要があると判断した場合、事前通知なしで、税務調査が行われることがあります。事前通知をせずに税務調査を行うことについては、色々な意見があるようですが、日々経営に携わっている経営者相手に最前線で仕事をする税理士は、

“現状、事前通知なしでの税務調査があるのだ”

ということを知ったうえで、顧問先の経営者にそのことを伝えておく必要があると思います。

事前通知なしで税務調査に入る場合は、事前通知をして行う税務調査よりも、綿密に準備調査が行われます。事前通知なしで行われる税務調査は、組調査（くみちょうさ）と言って、複数名がチームを組んで調査にあたります。経営者の日課や趣味、交友関係、休業日などを事前に調べ上げ、調査当日、経営者本人がいると見込んだ場所には、そのチームのチーフと呼ばれる調査官が出向きます。着手時刻を午前9時と決めれば、店舗、自宅、工場など、関係するすべての場所において調査官が午前9時に一斉に門をたたくのです。

では、ここでちょっと、事前通知なしの税務調査の場面を再現してみましょう。

【飲食店経営者・五反田氏の場合】

目黒調査官：「9時だな、入るぞ」
渋谷調査官：「はい！」
——渋谷調査官が、インターフォンのボタンを押した。
目黒調査官：「あの～、すいません。東京税務署の目黒といいますが、五反田さん、いらっしゃいますでしょうか？」
若い男性の声：「はぁ？　税務調査…」
目黒調査官：「はい。五反田さんの所得税の税務調査ということで、伺わせていただきました」
若い男性の声：「ちょっと待ってください」
——若い男性の声の主がドアを開けた。

目黒調査官：「私は、東京税務署の目黒といいます。今日は、五反田さんの税務調査ということで、来させていただいたんですけどね。五反田さん、いらっしゃいますか」
若い男性の声の主：「親父は、もう出かけたみたいですけど」
目黒調査官：「息子さんですか。お父さん、どこに行かれたか、ご存知ないでしょうか」
息子：「そんな、知りませんよ」
目黒調査官：「そうですか」
息子：「こんなに朝早く、迷惑ですよ。俺、もうちょっと寝たいんですけど、いいですか？」
目黒調査官：「それはそれは、起こしてしまったんですね。失礼しました。ひとつだけ、教えてもらってもいいですか？」
息子：「何ですか」
目黒調査官：「お父さんにすぐに連絡をとりたいんですよ。なので、お父さんの携帯電話の番号を教えてもらえないかと思ってね」
息子：「ああ、いいですよ。これです」
――目黒は、息子のスマホの画面を見ながら、自分の携帯電話のボタンを押した。
目黒調査官：「五反田さん。私は、東京税務署の目黒です。今、ご自宅に来てるんですけど、五反田さんは、今日はどちらにいらっしゃるんですか？」
五反田：「えっ、税務署？ なんで私の携帯電話の番号を知ってるんだ」
目黒調査官：「今、息子さんに教えてもらったんです。どこにいらっしゃるのかご存知ないということだったので、直接お電話したほうが早いかなと思いまして…。すぐにご自宅に戻ってきていただけませんか」
五反田：「わかりました。1時間半くらいで、戻れると思います」
——五反田の電話を切った目黒は、家の奥に戻ろうとする息子に話しかけた。
目黒調査官：「お父さんが戻って来られるまで、お家の中で待たせてもらってもいいですか？」
息子：「ええ、いいですよ。どうぞ」
目黒調査官：「それから、ちょっとだけ、お話を聞かせてもらってもいいですか」
息子：「ええ、ちょっとだけなら…」
目黒調査官：「すいませんねぇ、無理言って。息子さんは、大学生なんですか？」
息子：「いいえ、違います。専門学校に通ってるんです」
目黒調査官：「何の専門学校なんですか？」

息子：「製菓です」
目黒調査官：「セイカ…？」
息子：「フランスで修行して、パテシエになりたいと思ってるんですよ」
渋谷調査官：「フランス、いいですねぇ～」
息子：「親父はおじいちゃんから引き継いだ喫茶店をそのままやってるだけで、芸がないんですよ。でも、ゆくゆくは俺が継ぐことになるだろうと思って、今から、作戦立ててるってわけですよ」
目黒調査官：「それは、お父さんも心強いですね」
息子：「今の話は、親父にはまだ言ってないんです。ちゃんと力をつけてからでないと話できないと思ってるんで。でも、最近の親父ときたら、店のことはお袋に任せっきりで、遊び歩いてるみたいで、真面目な話ができる状態じゃないんです」
渋谷調査官：「そうなんですか」
息子：「そうですよ。税金もちゃんと払わずにごまかしてるんでしょ。だから、目黒さんたち、突然うちに来たんですよね」
渋谷調査官：「ごまかしてるかどうかは、今から調べさせても

らうんですがね。現金商売の場合は、事前通知なしで来ることもあるんですよ」

息子：「そうなんですか。俺、ずっと、これってどうなの？って、思ってることがあるんですよ。なのに、親父は、〝うちは、税務調査なんか来るわけないから〟とかって豪語してて、〝ホントかよ〟って思ってたんです」

目黒調査官：「これってどうなの？と思ってることって、どんなことか、聞かせてもらってもいいかなぁ？」

息子：「いいですよ。どのみち、調べたらわかることだと思うんで。本店は6時からなんです。常連さんがモーニング食べに来るんですけど、お袋が店をオープンさせるんです。お袋が一人の時間帯は、レジを開けたままなんですよ。で、打ってないんですよ、レジ」

渋谷調査官：「モーニングは6時から何時までなんですか」

息子：「11時までなんですけど、10時にアルバイトの子が来るので、その時にお袋は一旦あがるんです。で、夜は、21時までやっていて、19時からはお袋がまたレジ係なんですけど、これも、どうも、レジを打ってないみたいなんです。これって、売上をごまかしてることになるんじゃないかなって」

渋谷調査官：「そのことは、お父さんとお母さんと話をしたことはないんですか？」

息子：「そんなこと、息子が言うことじゃないでしょ。でも、今日は、調査官の方が来られたんで、言うタイミングかなと思って話しました。もう、部屋に戻りますね」
目黒調査官：「貴重なお話、ありがとうございました」

「つい出来心で…」
税務調査の対象に挙がるということは、誤った申告をしている可能性があるからです。そのきっかけは、たまたま偶然、売上に加算するのを忘れていて、そのことが税理士さんにバレなかったから、つい翌年もそのまま不正と知りながら続けてしまった、というケースが少なくないようです。人のせいにするのはいけないことだと思うのですが、顧問の税理士さんがちゃんと指導してくれていたら、こんなことにはならなかったという言い訳をされることもあります。

事前通知なしで税務調査に行った場合、経営者本人に会えなくても、従業員やご家族の方にお話を聞かせていただくことがよくあります。調査官は、他愛もない、世間話のようなところから話を始めます。その中で経営者に対する不満が出てきて、そこから矛盾点があらわになり、それを辿っていくと、不正発見の端緒を掴むことにつながっていくのです。

この事例では、息子さんは、小さいころから、お母さんが売上を除外しているのではないかと思っていたようです。

レジは必ず家族が打つ。経営者としては、家族だから売上のお金を抜いたりしないだろうという安心感があると思います。でも、調査官たちは、

「家族経営だから、売上の管理が正しくなされていないのではないか」

という見方をするのです。

では、ここで、モーニングの値段とブレ

〈五反田さんの妻がレジ係をする時間〉

6時～10時（4時間）に来る客の数・・・40人

400円×40人＝16,000円

19時～21時（2時間）に来る客の数・・・20人

400円×20人＝8,000円

16,000円＋8,000円＝24,000円

24,000円×360日＝8,640,000円

8,640,000円×3年＝25,920,000円

3年間で、2,592万円の売上除外が想定されるということになります。

税務調査の際に、売上を故意に除外したと認定された場合、売上脱漏となり、重加算税の対象になると、訴求年分が7年になる可能性もあります。となると、

8,640,000円×7年＝60,480,000円

これが、課税を免れた所得金額の合計額になり、6,048万円に対して、追加の税金を納めることになるのです。

ンドコーヒーの価格がそれぞれ400円と仮定して、五反田さんが経営する喫茶店の売上除外の金額を推計してみましょう。

五反田氏の喫茶店が怪しいと思われたのは、色々な理由があるのですが、ひとつは、レシートでした。息子さんも言っていたように、このお店は、レトロ感が売りの昔ながらの喫茶店です。使えるのかどうか不明ですが、ピンクの電話を置いていて、レジも年代モノという感じで、お店の雰囲気にはぴったり合っていました。そのレジが打ち出すレシートは、お店の名前も、時間も印刷されないタイプのものだったのです。

実は、五反田さんの顧問税理士は、お店には来たことがありませんでした。毎月、売上帳は預かって集計していましたが、原始記録であるレシートのロールやテーブルごとの伝票などの確認はしていなかったのです。もし、その作業を顧問税理士が行っていれば、不正を続けさせることを阻止できたかもしれないのです。

それから、親子間のコミュニケーションの乏しさも気になります。息子さんは、母親がお店の売上をごまかしていることをうすうす感じていました。五反田さんが、将来的

には息子にお店を継いでほしいと思っているのであれば、不正を正して、経営方針などについてもきちんと話をするべきでしょう。

税理士は、調査官目線を培うことが必要です。特に、現金商売である飲食店の場合は、お店に足を運び、突然調査官がやってきた時の対応の仕方について、話し合っておくべきだと思います。

消費税の軽減税率でレジの買い替えが言われている時期なのに、かたくなに古いレジを使っていると、それは、調査官に

「ぜひ、うちに税務調査に来てください」

と言っているのと同じことですよと、助言してあげて欲しいと思います。

ここまでのポイント

●テーブルごとの伝票に、通し番号、日付などが記入されているか、確認しましょう。

●レジからの出金はないか、ある場合は記録を残しているか、確認しましょう。

●レジペーパーはロールで保存されているか、確認しましょう。

顧客のギモン7
「飲食店は、突然税務署が来る確率が高いんですか?」

どんな風に商品の引渡しが行われたのか。帳面の上に書かれている数字を単なる数字として認識するだけではなく、そこにどんなストーリーがあったのかを再現していく中で、矛盾を見出したり、不正の発見の端緒を掴んだりしていくのです。

その際に重要になるのが、「原始記録」と呼ばれるものです。請求書や納品書に限らず、見積書を書く前のメモ書きも、「原始記録」です。油にまみれたり、しわになったりしている、たった一枚の原始記録が、その調査の行く末の決め手となったことが何度もありました。

「原始記録」は大切です。いざというとき、あなたのお客様である経営者を守ることになるかもしれないし、反対に、とどめを刺すことになるかもしれないのです。ぜひ、機会を見つけて、「原始記録」の重要性について、お話しされることをお勧めします。

料金受取人払郵便

神田局
承認

5172

差出有効期間
2021年1月9日まで

(切手不要)

郵便はがき

101-8791

518

東京都千代田区内神田1－6－6
(MIFビル5階)

株式会社 清文社 行

ご住所　〒(　　　　　　　　)

ビル名　(　　階　　　号室)

貴社名

部　　　課

お名前(ふりがな)

電話番号　　ご職業

E－mail

※本カードにご記入の個人情報は小社の商品情報のご案内、またはアンケート等を送付する目的にのみ使用いたします。

愛読者カード

ご購読ありがとうございます。今後の出版企画の参考にさせていただきますので、ぜひ皆様のご意見をお聞かせください。

■本書のタイトル（ご購入いただいた書名をお書きください）

1. 本書をお求めの動機

1.書店でみて（　　　　　　　　）2.案内書をみて
3.新聞広告（　　　　　　　　）4.インターネット（　　　　　　）
5.書籍・新刊紹介（　　　　　　　　）6.人にすすめられて
7.その他（　　　　　　　　）

2. 本書に対するご感想（内容・装幀など）

3. どんな出版をご希望ですか（著者・企画・テーマなど）

■小社新刊案内（無料）を希望する　1. 郵送希望　2. メール希望

【コラム】

～経営者に税務知識を やさしく解説しよう～

その⑦「原始記録」

　さて、いまさらですが、税理士の仕事って何でしょうか。お客様から請求書や納品書、領収書などを預かり、帳面を作成。それをもとに決算書を作り、最後は確定申告書を作成し、その年に納めるべき税金がいくらになるのかを算出。納期限までに納めるように伝えて、申告納税までの一連の仕事は終わりになります。
　でも、いまやクラウド会計の時代。領収書を一枚一枚写メするだけで、仕訳をしなくても帳面が書けて、決算書や申告書もサクサク出来上がるとなったら、税理士の役目はどこに見出せばいいのでしょうか。本当に、死活問題だと思います。
　税務調査の経験が少ない税理士さんの中には、調査官は帳面を調べに来るものだと思っている方がいらっしゃるようですが、筆者が調査官になりたての頃、直属の上司に教えてもらったことがあります。

「帳面は逃げない！」

　実際に調査先に行った際、机の上に帳面が用意されていても慌てて開くことはないと…。帳面はあくまで出来上がったもの。調査官たちは、なぜ、わざわざ臨場調査と称して、現場に足を運ぶのか。それは、その帳面を作成するに至った経緯をたどっていくためです。どのような話から、その取引が行われることになって、

「税務調査は日程変更できるんですか？」

国税庁は、毎年11月11日から11月17日までの一週間を「税を考える週間」としています。国税庁のＨＰには、その歴史について書いてあります。１９５４年（昭和29年）「納税者の声を聞く月間」としてスタートし、１９５６年（昭和31年）「納税者の声を聞く旬間」に改称。１９７４年（昭和49年）、「税を知る週間」に改称しました。２００４年（平成16年）からは、「税を考える週間」となったのです。

筆者が、国税に入った頃は、「税を知る週間」と呼ばれていて、納税表彰などの行事がありました。税務署や納税協会や商工会議所も協力して一緒に準備をしたことを覚えています。振り返ってみて、そのイベントが本当に税を知るために役に立っていたのかどうかは、さだかでありまんが…。

居酒屋「大真面目」の店主真面目さんは、津井輝税理士が担当になってから、正しく申告しなければならないという意識を持つようになってきました。

そんなある日。なんと、真面目さんに税務調査の連絡が入ったのでした。

渋谷調査官：「あの～。瀬戸際税理士法人さんですか」
津井輝税理士：「はい。そうですけど…」
渋谷調査官：「こちら、東京税務署の個人課税第3部門の渋谷といいます。真面目一徹さんの税務調査の件でお電話させていただきました。真面目一徹さんの担当の方をお願いしたいいんですが」
津井輝税理士：「あっ、はい。私です」
渋谷調査官：「真面目一徹さんの税務調査にお伺いしたいと思っています。日程としては、11月5日（火）か、11月6日（水）か、11月7日（木）のいずれかで、午前10時ころ、お店のほうにお伺いしたいと考えてるんですが、いかがでしょうか」
津井輝税理士：「あっ、はい」
渋谷調査官：「では、先生の方で真面目一徹さんと日程を調整していただいて、折り返しお電話いただけますでしょうか」
津井輝税理士：「わっ、わかりました」
渋谷調査官：「では、よろしくお願いします」

顧客のギモン8
「税務調査は日程変更できるんですか?」

税務調査は、原則的には税理士事務所に電話がかかってくることで始まります。〝原則的に〟とわざわざ書いたのは、例外があるからです。それは事前通知なしの税務調査です。事前通知なしの税務調査については、学術的に色々と議論もされているようです。いろんな意見はありますが、実際に事前通知なしの調査もあるのだということは、税理士として知っておくべきでしょう。詳しいことは、本章の「顧客のギモン8 飲食店は、突然税務署が来る確率が高いんですか？」を、もう一度、読み返していただければと思います。

——決算書を作成するときに、ちゃんと指導できてなかったから選ばれたんだろうか。だとしたら、僕の責任。それとも、真面目さんは、僕に黙って悪いことをしていたのだろうか。何が原因で税務調査に選ばれたんだろう。

普段はノー天気な津井輝税理士ですが、このときばかりは、少々テンパっているようでした。

いやいや、まずは、真面目さんに電話しなくっちゃ…。

ということで、真面目さんに電話をしました。

津井輝税理士：「真面目さん、こんにちは」
真面目：「津井輝先生、こんにちは。今の時間帯は忙しいって、前に言いましたよね」
津井輝税理士：「そうでしたね。すいません。じゃあ、かけ直しましょうか？」
真面目：「いいですよ。聞きますよ。急ぎの用事なんでしょ」
津井輝税理士：「そうなんです。実は、税務署から電話があったんです」
真面目：「えっ、税務署から？」
津井輝税理士：「はい、税務調査です！」
真面目：「えっ、なんで？」
津井輝税理士：「なんでと言われても、私にはわかりません」
真面目：「で、いつなんです？ 税務調査」
津井輝税理士：「11月5日（火）10時に、お店のほうに行きたいと言ってきてます」
真面目：「来週じゃないですか。そんな急に言われても…」
津井輝税理士：「でも、こういうことは、早いほうがいいと思うんですよ。なので、11月5日（火）10時。よろしいですよね？」

真面目：「わかりました。津井輝税理士先生、来てくれるんですよね？」
津井輝税理士：「はい。10時に行きます」
真面目：「じゃあ、来週の火曜日、10時ですね」
津井輝税理士：「よろしくお願いします」

元国税調査官
飯田真弓 税理士からの
おせっかいアドバイス

税務調査の事前通知について、税法では、本人に通知するように謳っています。けれども、決められたとおりの手続を踏もうとするととても厄介なことになるのです。まず、渋谷調査官が調査対象者となった経営者本人に電話をします。税務署から電話がかかってくることなんてめったにないので、経営者ご本人は、何のことだか事情を把握しきれないまま、税理士さんに電話をします。

「税務署から税務調査の件でといって電話がかかってきたんですけど、どうしたらいいんですか？」

顧問の税理士が経営者に、電話を掛けてきたのはどの部門のどんな役職の何という名前の調査官なのかを聞いても、「税務署から税務調査の件でと電話がかかってきただけです」と答えるのみでは、話が先に進みません。

そんなことから、税務調査の事前通知の電話は、顧問の税理士にかけることが慣習となっているのです。調査官は、たいてい、「○日か、△日か、×日のいずれかで」というように、3つくらい候補日を挙げてきます。津井輝税理士は、11月5日（火）、11月6日（水）、11月7日（木）の3つ候補日があったのに、早いほうがいいと言って、最初の11月5日（火）に調査の日を決めてしまいました。そして、11月5日（火）当日、10時にお店に行くと言って電話を切っています。この、津井輝税理士の、税務署から事前通知の電話がかかってきてから、調査対象者である真面目さんに電話を掛けた際の対応、どんな風に思われたでしょうか。

まず第一に、税務署から税務調査の事前通知の連絡があったことを大先生に知らせないといけません。真面目さんの担当は津井輝税理士ですが、顧問契約をしているのは、瀬戸際税理士法人になっているはずです。大先生が不在であったとしても、税務署から連絡があったことはすぐさま大先生に伝えなければなりません。日程も、まずは、大先生の都合を聞かないといけないでしょう。

事前通知ありの税務調査の場合、調査官は、2～3日、調査の候補日を挙げてきます。

税務調査の経験があまりない税理士は、調査官が提示した日に、税務調査を受けなければならないと考えがちですが、そうではありません。国税庁のＨＰでは、【税務調査手続に関するＦＡＱ（一般納税者向け）】という案内が公開されています。

税務調査手続に関するＦＡＱ（一般納税者向け）………国税庁ＨＰより引用

問16　事前通知を受けた調査開始日時については、どのような場合に変更してもらえるのですか。

税務調査の事前通知に際しては、あらかじめ納税者の方や税務代理人の方のご都合をお尋ねすることとしていますので、その時点でご都合が悪い日時が分かっている場合には、お申し出ください。お申し出のあったご都合や申告業務、決算業務等の納税者の方や税務代理人の方の事務の繁閑にも配慮して、調査開始日時を調整することとしています。

また、事前通知後においても、通知した日時について、例えば、一時的な入院、親族の葬儀、業務上やむを得ない事情が生じた場合等には、申し出ていただければ変更を協議します。

なお、例示した場合以外でも、理由が合理的と考えられれば変更を協議しますので、調査担当者までお申し出ください。

都合が悪い場合は、日程の変更ができると書いてあります。とある地方で講演をさせていただいた際、こんな話を聞いたことがありました。税務署から事前通知の電話が顧問の税理士さんのところにかかってきて、海外出張の予定があったけれど、税務調査のほうを優先したほうがよいと税理士さんに言われて、大切な商談だったのにキャンセルしたということでした。

今のご時世、個人事業主でも、中小企業でも、海外出張の予定が入っていることはあると思います。大切な予定を変更してまで税務調査に応じる必要はなく、日程の変更を申し出たからと言って調査官の心証が悪くなることはないということは、お客様である経営者にしっかりお伝えしておくべきだと思います。

だからといって、もともと予定がなかったのに、税務調査の事前通知があってから海外出張の予定を入れたりするのはＮＧです。調査官たちは、そういう小手先の嘘を一番嫌います。調査対象者である経営者の言動から、少しでもずるいことをしていることが判明した場合、

「この調査対象者は、常にずるいことを考えているに違いない。だから、とことん調べてやろう！」

と、調査官魂に火をつけることになるのです。

たとえば、候補日を3日挙げてきたら、最後の日に調査に来てもらうように返事をするのが賢明だと思います。実際に調査官が調査にやって来ることを臨場調査と呼んでいますが、その臨場調査の日までに、顧問の税理士は、一度、調査対象者となった顧問先のお客様と面談し、税務調査のリハーサルをするのがよいでしょう。また、担当の調査官が臨場する場所にお店を指定してきたのであれば、お店に行ってみることも大切です。

さて、調査官は、何をどんな風に調べようとしているのでしょうか。調査の対象は、あくまで、申告書が提出された年分です。まずは、お客様である経営者に、「税理士には言いにくかったけれど、これはちょっとダメかもということがあったのであれば、今、言っておいてくださいね」という話をしましょう。

筆者は、調査官当時、税務調査の場面で、顧問税理士が税務署寄りのスタンスで物言いをして経営者とケンカになるという場面を、何度か見てきました。多くはありませんが、税務調査の途中で顧問の税理士が変わるということもありました。税理士が知らないところで不正を働き、過去の申告内容

に間違いがあったとしても、経営者は大切なお客様です。

税務調査の当日は、少しお客様である経営者の後ろ盾になってあげるような気持ちで臨むほうがよいのではないかと思います。顧問契約をする前のことを質問されることもあるでしょう。その場合も、自分が顧問をしていないところは知らないと言うのではなく、前はきちんとできていなかったけれど、自分が関与するようになってからは少しずつよくなってきているということを、担当の調査官にアピールすることも、税務調査を乗り切るためには必要かなと思います。

過去の、過ぎてしまった年分のことを、調査官たちは「過年分」と呼んでいます。税務調査は、ほとんどの場合、過去の申告をする際の元になった書類を調べます。でも、もし、その「過年分」の書類が十分に残されていなかったら、調査官たちはどうするでしょうか。


「過去の書類が残されてなかったら、調査官は調べようがないんじゃないの」


そんな意見もあるでしょう。

過去の書類がない場合は、今の年分の状況から、過去の売上を推測するという調査の仕方をします。「過年分」に対して、今現在動いている年分のことを「進行年分」と呼んでいます。

調査官：「その引き出し、ちょっと開けてもらえますか」
調査対象者：「いっ、いえ、ここは関係ないです」
調査官：「関係ない…」
調査対象者：「ええ」
調査官：「関係あるかどうか、中を見せていただいて判断したいと思います。見せていただけないということであれば署に戻って、なぜだか知らないけれど、見せていただけないものがありました、と上司に報告するまでです。さあ、どうしますか。見せていただけますね」
調査対象者：「そっ、そんなぁ…」

文章で書くと、なんだか調査官がずるいことを言ってるように思えるかもしれません。実は、このやりとりは、筆者の調査官当時の様子を再現してみたものなのです。

実際の税務調査は緊迫した空気の中で行われます。目は口ほどにものを言うとはよく言ったもので、たいてい、その視線の先には、不正発見の端緒となるものが隠されているのです。

ここで、押さえておきたいのは、税務調査に入るとなったときに限らず、顧問の税理士たるもの、常にお客様である経営者のお店には足を運び、不正が起こるきっかけになる要素はないかをチェックしておくべきだということです。

粗探しをするという視線ではなく、今後、一緒に経営をよくしていくために、現状を把握しておく必要があるのだということを、お客様である経営者にご理解いただくことが大切だと思うのです。

ここでも、税理士のコミュニケーション能力が問われることになるのです。

ここまでのポイント

- 事前通知の電話があったら、すぐに調査対象者であるお客様に電話をしましょう。
- お客様の都合をよく聞き、すでに予定が入っている場合は、担当の調査官にきちんと理由を伝え、調査日程の変更を申し出ましょう。
- 調査官がやってくる前には、必ず、事前のリハーサルを行いましょう。

を調べたいと思っているのに、過去のあるべきものがない。このような状況に陥った際に、調査官たちが調べるのが、「進行年分」です。

筆者が、現役の調査官だった際、「進行年分を調べる権限を持っているんですか？」と詰め寄る税理士さんもいらっしゃいました。けれども、過去の書類を捨てていたり、紛失していたりして、調べることができない場合、その手立てとして、今の年分＝「進行年分」を調べることはよくあることなのです。

現金商売の場合、毎日、きちんと記帳しておくことは何より大切です。税務調査に入られるか否かにかかわらず、お店を閉めたら、毎日、現金を数え、レジと合わせて、記帳する習慣をつけるように指導しておくことが大切だと思います。

【コラム】

～経営者に税務知識を やさしく解説しよう～

その⑧「過年分と進行年分」

税務調査で調べるのは、申告書を提出された年分について、その内容が正しいかどうかです。調査官たちは、提出された申告内容が正しいかどうか、現場に出向いて確認します。では調査官たちはどんな権限を持って調査を進めるのかというと、それは、質問検査権という権限です。

調査官たちは、名刺を持っていなくても、この質問検査証というものは必ず携帯しています。税理士であるあなたは、一度、それを見せてもらうといいと思います。

一般的に調査と呼ばれていますが、それは「質問」と「検査」から成り立っています。

「質問」とは、「これはどんな風になっているか説明してもらえますか」というように口頭で行います。

「検査」は、質問で得られたものが、その場にあるかどうか、現物を確認することをいいます。

税務調査で調査官が指摘するべき事項は、

・あるべきものがない

・ないはずモノがある

という２点に集約されると思います。

繰り返し言いますが、調査官が調べるは、過去の状況です。調査官たちは過去の申告のことを「過年分」呼びます。「過年分」

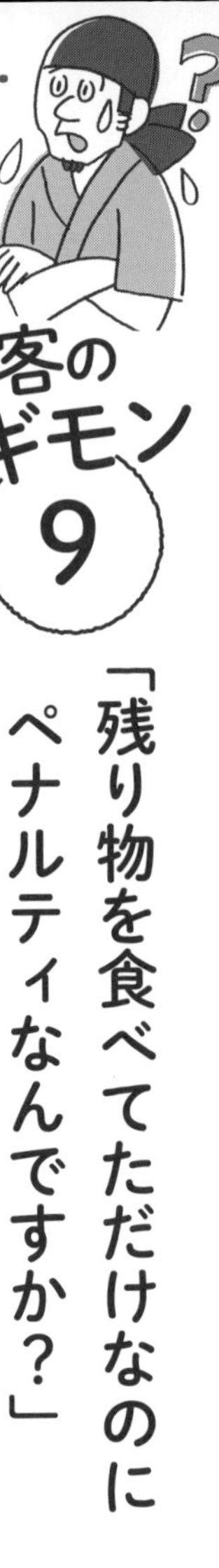

顧客のギモン9

「残り物を食べてただけなのにペナルティなんですか？」

11月5日（火）、居酒屋「大真面目」の店主、真面目一徹さんの税務調査の当日となりました。瀬戸際税理士法人の大先生と津井輝税理士は、調査官たちと約束した10時より少し早めにお店に到着。真面目さんは、昨日は眠れなかったのでしょうか、目を真っ赤にしています。三人はお店の奥の四人掛けのテーブルに座っていました。津井輝税理士は鞄の中から真面目さんの申告書などをファイルした資料を出しました。

大先生：「真面目さんは、税務調査は初めてなんですよね」
真面目：「ええ…」
大先生：「聞かれたことに素直に答えておけば、それでいいですから」
真面目：「はっ、はい」

10時ぴったりに、調査官がやってきました。

渋谷調査官：「おはようございます。東京税務署個人課税第3部門の渋谷です」
目黒調査官：「おはようございます。同じく、東京税務署の目黒です」

まずは、真面目さんが立ち上がって挨拶をし、続いて、大先生が挨拶をしました。
調査官二人は、入り口付近で立ったままです。

渋谷調査官：「では、これから、真面目一徹さんの税務調査を始めさせていただきます」
真面目：「はっ、はい…」

渋谷調査官は、入ってすぐのカウンターに鞄を置くと、話を始めました。
渋谷調査官は、真面目さんのお店の話よりも、昨日報道されたニュースの話や世間話のようなことや、家族の状況などについて話していました。
隣の目黒調査官はほとんど口を開くことなく、ずっとなにやらメモをとっています。

もうそろそろ12時になろうかという時、ガラガラとお店の引き戸が開く音がしました。

お客：「あれ、今日はお昼やってないの？　暖簾、出てないけど…」
真面目：「あ～すいません。今日は、やってないんですよ」
お客：「そうなんだぁ～。残念、明日は？」
真面目：「明日は、やりますんで。わざわざ来てもらったのに、すいません…」
お客：「じゃあ、また、明日来るね」
渋谷調査官：「真面目さん、ランチ営業もされてるんですか？」
真面目：「ええ、まぁ」
渋谷調査官：「そうなんですね。開業当初からお昼も営業されてたんですか？」
真面目：「いや～、開けたり開けなかったりだったと思います」
渋谷調査官：「ランチ営業については、先生、ご存知でしたか？」
大先生：「私はよくは知らないんですけど。津井輝先生、知ってたの？」
津井輝税理士：「私もちょっと、わかりません…」
渋谷調査官：「そうですかぁ。お昼になりましたね。ちょっと休憩しましょう。私たちは、他の店で食べてきます。13時に戻ってきますので、よろしくお願いします」

元国税調査官
飯田真弓 税理士からの
おせっかいアドバイス

真面目さんの午前中の税務調査の様子を再現してみたのですが、いかがだったでしょうか。まだ、何も調べられていない感じがしましたか？ 渋谷調査官は、書類を見ることなく、話をしているだけでしたからね。たとえば、ここで、税務調査に来た調査官が、すぐに帳簿を見るようであれば、その調査官はたいしたことがないと思っていいかもしれません。

実は、税務調査にはこれが王道というようなものはありません。相手のあることなので調査官も毎回毎回、真剣勝負なのです。でも、どんな相手であっても、初日に調査対象となった人の人柄や、顧問をしている税理士との関係性を確かめることは必須です。今回の真面目さんの場合、調査中にお客さんがやってきたことから、ランチ営業の有無について、顧問の税理士さんと話をしたことがないということがバレてしまったようです。ベテラン調査官の場合、午前中は世間話に徹するということがよくあります。真面目な税理士さんは、自分が持ってきた帳面を全然見ようとしない調査官にいらだちを覚える人もあるようですが…。

大先生のように、特に何も準備をせず、ありのままの姿を調査官に見てもらえばいいというスタンスもアリだと思います。でも、初めての税務調査で、当日、即答に困る質問ばかりされると、お客様である経営者はちょっと参ってしまうのではないでしょうか。顧問税理士は、いくつか調査官に質問されそうなことを想定し、リハーサルをしてあげるのがいいのではないかと思います。

さて、13時。調査官が、居酒屋「大真面目」に戻ってきました。

渋谷調査官：「では、午後からの調査を始めさせていただいます。真面目さん、売上はどんな流れで計上されてるのか、教えてもらえますか？」

真面目：「流れ、ですか？」

渋谷調査官：「はい。レジから計上してますか？」

真面目：「いいえ、うちはレジは置いてないんです」

渋谷調査官：「そうですか。じゃあ、真面目さん、売上帳って、つけておられますかね」

真面目：「そんなたいそうなものはないですけど、大学ノートに書いてます」
渋谷調査官：「先生は、その売上帳はご覧になったことありますか」
大先生：「津井輝先生、どうなの？」
津井輝税理士：「いえ、売上帳は見たことはありません。毎月、売上は日付順にまとめた紙を持ってきてもらってましたので」

津井輝税理士は、真面目さんのファイルの中のから、売上集計表を探し、渋谷調査官の前に差し出しました。

渋谷調査官：「この売上集計表は、真面目さんが作成されてるんですか」
真面目：「いいえ、私はパソコンは得意じゃないんで、嫁に頼んで作ってもらってます。売上帳は汚い字で書いてて…。なので、妻に清書してもらってから先生に渡してました」
渋谷調査官：「では、真面目さんが毎日書いておられる売上帳、見せてもらえますか？」
真面目：「いつの売上帳ですか？」
渋谷調査官：「２０１６年の分はありますか？」

真面目：「えっ、3年も前のですか。そんな前のは、ちょっと探さないとわかりません。もしかすると、捨ててしまってるかも」
渋谷調査官：「そうですか。じゃあ、今、使ってるのはありますか？」
真面目：「それならありますけど」
渋谷調査官：「どこにあるんでしょうか？」
真面目：「二階の寝室です」
渋谷調査官：「じゃあ、今、使っておられる売上帳、見せてもらえますか？」

真面目さんは、調査官に言われると、重い腰を上げ、二階に上がって行きました。その時、渋谷調査官は目黒調査官に視線を送りました。

渋谷調査官：「奥さん、ちょっと現場を確認させてもらいますよ」
真面目の妻：「えっ。ちょ、ちょっと…」

目黒調査官は、ササッと、革靴を脱ぎ捨てると、真面目さんの後を追って階段を上っていきました。

目黒調査官：「真面目さぁ～ん、売上帳の保管場所を確認させてもらいますねぇ～」

目黒調査官が寝室に入った時、真面目さんは寝室の机の引き出しから取り出したものを自分のセーターの腹の中にしまい込んだところでした。

目黒調査官：「真面目さん！ 今、隠したものを出してください！」

目黒調査官の声があまりにも大きかったので、真面目さんは、腰を抜かしてしまいました。

目黒調査官：「過去の売上帳ですね」
真面目：「はい…」
目黒調査官：「この引き出しの中にあるものを全部出してもらえますか」
真面目：「そっ、それは…」
目黒調査官：「真面目さん、見せていただけますよね」
真面目：「はっ、はい…」

目黒調査官の視線があまりに鋭く、首を縦に振るしかありませんでした。

渋谷調査官：「お〜い。引き出しごと持ってきてもらえ！」

下から、渋谷調査官の声が聞こえてきました。

これは、現況調査というのですが、税務調査はこんな風に展開していきます。渋谷調査官が売上帳のページを開いてみると、そこには、毎日、2つの数字が書かれていました。1行目は、居酒屋の売上金額。その横の数字は、8に○だったり、10に○だったり、暗号のようにも見えました。平成30年（2018年）分の売上帳と先生に渡している売上集計表には、1行目の数字だけが記載されていました。真面目さんに問い正したところ、ランチの金額は一律800円で、出た個数を書いて数字を○で囲んでいたということでした。

渋谷調査官：「一つ確認なんですけど、一階はお店で、奥の部屋と二階で生活しておられるということでしたよね」

真面目：「はい」

渋谷調査官：「真面目さん、1か月の食費ってどれくらいかかってるかご存知ですか？」
真面目：「えっ、食費ですか。わかりません…」
渋谷調査官：「そうですか。じゃあ、奥さんに聞いてもいいですか。今、息子さんと3人で住んでおられるんでしたよね。奥さん、食費って1か月どれくらいかかってますか？」
真面目の妻：「食費ですか。特に食費がいくらかかって考えたことないですけど。うちは食べ物屋ですから」
渋谷調査官：「なるほど、そうですよね」
真面目の妻：「息子のお弁当は、毎日作ってますけど、主人と私はありあわせのもので済ませてるというか、残り物をお腹の中に処分してるって感じで、そんなに儲かる商売でもないですしね。誰が告げ口したのか知りませんけど、私たち、残り物を食べて、質素に暮らしてるのに、家の奥まで入ってきて、何の権利があってこんなことするんですか！」
大先生：「まあまあ、奥さん。そんな感情的にならないで…」
渋谷調査官：「真面目さん。先生から、家事消費の話は聞いたことはありますか？」
真面目：「カジショウヒ、ですか。ないと思います」
渋谷調査官：「わかりました」

さて、渋谷調査官は何がわかったのでしょうか。真面目さんの調査は、レジがなく売上管理が杜撰（ずさん）だろうということで選ばれたようでした。真面目さんは、毎日お店が終わってから現金を数えて、その金額を大学ノートに書いて、それをもとに売上を集計していると言っていましたね。その売上帳を捨てているかもしれないと言ってしまったことで、現況調査をされることになってしまったのです。

次に、真面目さんは、家族が食べる食費について、いくらかかっているかわからないと答えました。奥さんも残り物を食べているだけで、食費にお金を使っているという感覚がないと答えました。これはつまり、別な言い方をすると、真面目さん一家は居酒屋を営んでいることにより、食費分の出費がない、すなわち、その分儲かっていることになるのです。

真面目さんが申告漏れしていた所得金額はどれくらいになるでしょうか。

今回の調査の場合、真実の売上帳が出てきたので、それを元に計算することになるでしょう。しかし、売上帳の保存がなかった場合、次のような方法で、調査官は、聴き取りをした内容を元に所得金額を推計するのです。

【年間の営業日数】310日

【ランチ売上】
800円のランチが毎日20食出た場合
800円×20食×310日＝4,960,000円

【家事消費】
朝：1食 100円×3人＝ 300円
昼：1食 300円×3人＝ 900円
夜：1食 500円×3人＝1,500円
300円＋900円＋1,500円＝2,700円

1年間では…
2,700円×365日＝985,500円
1年間の売上計上漏れ
4,960,000円＋985,500円＝5,945,500円
税務調査は3年間修正申告することがほとんどなので、
5,945,500円×3年分＝17,836,500円
が、追加の所得金額となります。

「残り物を食べて、税金かかるってどういうことなんですか！」

そんな声が聞こえてきそうですね。でも、よく考えてみてください。真面目さんの家業は居酒屋です。わざわざ買い物に行くのではなく、お店にある食材の残り物を使って自分たちの食事を作ったということは、その食材を購入した費用はお店の税金を払う際の仕入金額に含まれていることは理解できるでしょう。飲食店の担当になった際、税理士は一番にこのことをお客様である経営者に伝えるべきなのです。

預かった書類の集計をすることも大切な仕事だと思います。でも、まずは、顧問先になった際、この業種ではこういう間違いが起こりやすい、ということをお客様である経営者にお伝えすることが必要だと思います。

あくまでも、できていないことを責めるのではなく、「こういう風にしたほうが間違いが防げるし、ひいては儲けを増やすことになるんですよ」ということをお伝えするという気持ちでお話しするように心がけることが大事だと思います。

ここでも、税理士のとしての、コミュニケーション能力が問われることになるのです。

ここまでのポイント

- 飲食店の顧問税理士になったら、とにかく、まずは、お店に足を運び、お店の実態を確認しましょう。
- 三度の食事について、誰が何をどこで食べるのか。お客様から聴き取りをし、家事消費について、経営者自身が理解するまで、説明をしましょう。
- 大先生がいる事務所の場合、自分の担当のお客様のことについて、気になる点は大先生に報告し、相談に乗ってもらうようにしましょう。

このことは、ちょっと考えればわかることですが、税理士さんは、動いたお金ばかりを追っかけるあまり、つい、見逃してしまうようです。なので、まず、飲食店を担当するようになった場合、何よりも先に、毎日、お店のものをどれくらい食べるのかについて、経営者に聴き取りをすることです。自分たちが食べたものは経費にはなりません。売上から経費を引いてはじき出された所得金額で、その家族は生活しているわけです。

税務調査の選定をする際、飲食業でありながら「収支内訳書」や「青色申告決算書」の「家事消費」の欄に数字が入っていないと目立ちます。なので、税理士は、飲食店のお客様には、必ず、「家事消費」の話をして、あるならあるで、金額を記入し、ないならないで、その理由をきちんと話せるようにしておくことが大切です。

事実確認をするためには、お店に足を運ぶことが必須です。その際、話の聞き方には注意しましょう。問い詰めるのではなく、「毎日の食事はどうされてるんですか？」というように聞いてみてください。

ロスが出すぎて困っているということであれば、仕入方法を考え直す必要があるかもしれません。まずは、お客様である経営者とコミュニケーションをとって、実態を把握すること。そこから、良い関係を作って、より良い経営を目指すことにつながっていくと思います。

【コラム】

～経営者に税務知識を やさしく解説しよう～

その⑨「家事消費」

税務署は、申告書のどこを見て、税務調査に入るかどうかの判断をしているのか。

ここまで読み進めてくださった、お客様思いの税理士さんであれば、きっと気になっていることと思います。

白色申告の場合、申告書と一緒に提出する書類に「収支内訳書」というものがあります。青色申告の場合は、「青色申告決算書」ですね。それは、収支内訳書の「家事消費」の欄であり、青色申告決算書の「家事消費等」の欄です。

家事消費とは、

〝仕事に関するものを生活のために使った際に、売上として決算書上にあげてくださいね〟

という科目です。

居酒屋「大真面目」の店主、真面目一徹さん一家は、自分たちの家族は、残り物を食べて生活しているし、贅沢はしていないと言っていました。でも、その食材はお店で出す料理のために購入した材料と一緒です。お客様に出した料理として売上に上がるから、その原価である仕入は必要経費に含めてよしとなるわけですが、自分たちの空腹を満たすために食べてしまった分については、「お金を払うことなく、お腹が膨れた」＝「儲かった」ということになるんです。

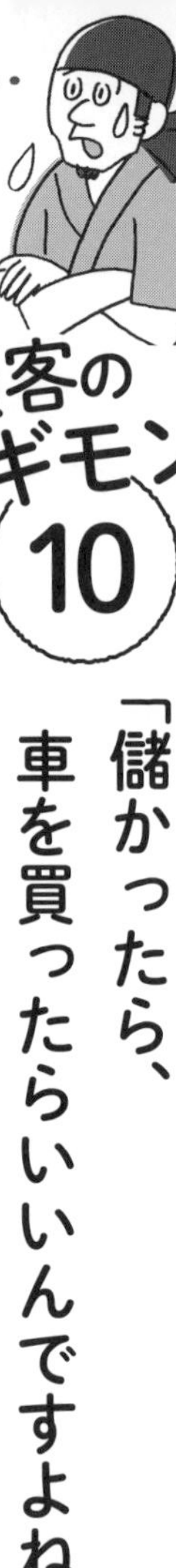

顧客のギモン10

「儲かったら、車を買ったらいいんですよね？」

瀬戸際税理士法人で勤めるようになって9か月。津井輝税理士は、11月に、初めて税務調査に立ち会うという経験をしました。顧問税理士として、もっとお客様である経営者のことを理解しなければ、と思うようになっていました。でも、番頭の根田宮さんと重里華事務員はパソコンに向かうばかりで、お客様の経営について考えているという雰囲気ではありません。

年も押し迫ったある日のこと、重里華事務員に宛てて、電話がかかってきました。それは、重里華事務員が一番苦手としている不動産業を経営している地上屋（じあげや）さんでした。地上屋さんは声が大きいので、受話器から声が漏れて、事務所中に響き渡っていました。

地上屋：「あ〜、重里華先生ですか？　実はねぇ、今年は思ったより利益が出そうなので車

を買おうと思ってるんですよ」
重里華事務員：「はぁ…」
地上屋：「重里華先生。車を買ったら経費になるんですよね？」
重里華事務員：「ええ。でも、どんな車なんですか？」
地上屋：「仕事に使ってる車がね、古くなってきてたんですよ。で、そろそろ買い替えようと思ったところなんでね」
重里華事務員：「営業車なんですか？」
地上屋：「そうです」
重里華事務員：「それなら経費にできると思います」
地上屋：「そうですか。じゃあ、車屋に話をしに行きます」

これだけの会話だったんです。でも、年が明けて、2月中旬。確定申告書が出来上がったということで、地上屋さんが、その説明を受けに瀬戸際税理士法人にやってきたときのことでした。例によって、地上屋さんは声が大きいので、応接室に通されても、会話がそのまま事務所内に筒抜けになっていました。

重里華事務員：「今回の確定申告書です。納めていただく所得税の金額は、こちらになります」

地上屋：「えっ！　なんだこの金額は。こんなに多いのか。重里華先生、年末に300万円の営業車を買ったって言っただろ。その分、ちゃんと計算に入れてくれたのか」

重里華事務員：「ええ…」

地上屋：「おかしいだろ。こんなはずはない。なんでこんなに高いんだ」

重里華事務員：「なぜと言われましても…」

地上屋：「車を購入する前に、重里華先生に確認したじゃないか。その時、営業車なら経費で落とせると言っただろ」

重里華事務員：「ええ、経費で落とせるとは言いましたけど。一度に全額を経費で落とせるとは言ってませんよね」

地上屋：「はぁ？　一度に落とせるものではない。それはどういうことなんだ！」

重里華事務員：「ちょっと一言では説明しにくいんですけど、車は、固定資産に該当するので、6年で減価償却しないといけないんです。今回の地上屋さんの場合、年末に購入されているので、月割した金額が経費になるんです」

地上屋：「えっ、ゲンカショウキャク？　ツキワリ…？」

重里華事務員：「地上屋さん。減価償却、ご存知ないんですか」

地上屋：「なにぃ～。お前、わしを馬鹿にしてるのか！」

重里華事務員：「いえ、馬鹿になんかしてませんよ」

地上屋：「じゃあ、なんなんだ。その、ゲンカショウキャクって。そのゲンカショウキャクの分は、経費で落とせたってことなのか」

重里華事務員：「そうです」

地上屋：「そしたら、今回の申告で、いくら経費で落とせたことになるんだ？」

重里華事務員：「今回のケースですと、約4万円が経費になります」

地上屋：「はぁ？　たったの4万円？　300万円の車を買ったのにか？」

重里華事務員：「違いますって。だからぁ～、経費が4万円なので、税金にすると、地上屋さんの最高税率をかけた金額になるんです」

地上屋：「はぁ？　何をごちゃごちゃ言ってるんだ。だから女は頼りないって言ってるんだ。大先生を出せ、大先生を！」

重里華事務員：「大先生は、今日は事務所には来られないんですけど」

地上屋：「もういい。お前はクビだ！」

元国税調査官
飯田真弓 税理士からの

おせっかいアドバイス

「この一年、結構、調子が良かったんだよねぇ。でも、儲かった分だけ、税金で持っていかれるっていうのは、なんだか納得いかなくって。どうにかして納める税金を少なくする方法はないものだろうか？」

そんな考えが頭をよぎる経営者の方、少なくないように思います。

「あっ、そうだ。今、乗ってる車、来年から毎年車検になるし、このタイミングで新車を買えば、税金払わなくても済むんじゃないかな？」

経営者の方は、そんなことを思いついて税理士さんに相談されるようです。

「営業用の車を新しく買ったら、経費になって、払う税金を少なくできますよね」

重里華事務員は地上屋さんからそんな質問をされ、

「ええ、そうですね。車を買ったら納めるべき税金を少なくすることができますよ」

という感じで答えていました。

この地上屋さんと重里華事務員のやりとり。どちらも、間違ったことは言ってないように思えます。でも、お互い、言葉足らずというか、コミュニケーションが不足していたのではないでしょうか。

このケースでは、押さえておくべきポイントが二つあると思います。

（1）車は、減価償却資産なので、1年で一括で経費にできない

（2）年の途中で買った車は、減価償却費も月割になる

この〝減価償却資産〟という言葉。なんだか専門用語みたいで、経営者の方は、このような言葉を言われると突然アレルギーみたいになって、その先の話が頭に入って来ないようです。こういう場合、税理士としては、できるだけ減価償却という税法の用語を使わずに説明することを、クセづける必要があると思います。

車って〝1年乗って終わり〟と、価値がなくなって使えなくなる消耗品ではないということは、経営者の方も十分わかっているはずです。

300万円の車をキャッシュで購入すれば、支払いは1回で終わっても、何年か乗り続けることができます。車以外でもそうなのですが、この〝何年も使えるもの〟について、法律で何年使えるかを定めた年数があります。〝法定耐用年数〟ですよね。

ここで再確認しておきたいのは、税理士は当然知っていることでも、経営者はご存知でないことがあるということです。

お客様である経営者は、お金を使ったらそれに対しては税金がかからないという感覚があるようです。ですから、税金の計算をする際には、車など何年か使えるものについては、支払った金額ではなく、何年使えるかで費用に計上するのだということをお伝えしておくべきでしょう。

1年経営をしてきてざっと計算したところ、利益が出過ぎだというときに、お客様は大きな買い物をしたがるものです。それが、全額必要経費で落とせるものなのか、減価償却するべき資産なのか、丁寧に説明する必要があると思います。

ここで、ちょっと、注意しないといけないことがあります。

質問をされた経営者が、株式会社など法人組織として事業をされている方である場合と、個人事業主として確定申告をされている方である場合とでは、違った説明をしなければならないという点です。車を法人のものとして購入した場合は、会社のものなので、全額必要経費でよいケースが多いでしょう。けれども、個人の場合はちょっと注意が必要になります。

◎税務調査でよく指摘される点、家事分

ここで、ある個人事業主の方の税務調査の場面をみていきましょう。

調査官：「ご家族は何人ですか？」
経営者：「4人です」
調査官：「子どもさんは、おいくつなんですか？」
経営者：「上の子は女の子なんですけど、中学3年生で、下の子は男の子で小学校5年生です」
調査官：「うちも、中3と小6の男の子の2人なんですけどね。教育費って、結構かかりますよねぇ。2人とも出来が悪いんで、塾通いさせてます」
経営者：「私は、子どものことは嫁に任せっぱなしなんですけど、上の子は女の子でしょ。夜道は危ないからって、いつも、嫁が塾の送迎してるんです。でも、嫁に言わせると、

それが結構面倒だって嘆いてます」
調査官：「奥さんも運転されるんですね」
経営者：「はい」
調査官：「車は、2台所有されてるんでしたっけ？」
経営者：「いいえ。1台だけです」
調査官：「そうなんですね。減価償却資産に挙げておられる車を、子どもさんの塾の送迎にも使われてるってことなんですか」
経営者：「・・・」
調査官：「先生、決算書の減価償却を確認してもらえますか？」
顧問税理士：「はい…」
調査官：「決算書上で、車の事業割合は、何パーセントになってますでしょうか？」
顧問税理士：「100パーセントです」
調査官：「そうですか。事業割合100パーセントって書いてるんですね。先生、車の事業割合について、経営者とお話しされたことはありますか？」
顧問税理士：「いいえ、車の事業割合について、話したことはありません」
経営者：「事業割合って何なんですか？」

経営者の方が真面目で、税理士も真面目で、それゆえに税務調査の経験の少ない税理士さんは、税務調査で調査官がやって来るとなると、帳面を調べにくるのだと思っている方、結構いらっしゃるように思います。でも、調査官は、帳面は作られたものだということを知っています。調査官が見たいのは、出来上がった帳面ではありません。その帳簿に書かれている数字はどこから拾ってきたものなのかを辿っていくのが税務調査なんです。

実際に調査を受けてみるとわかると思うのですが、調査官は生活部分の聴き取りや世間話のようなやりとりに時間をかけます。まずは、一通り、日常の話を聞いておいて、それを踏まえて色々な問題点を抽出していきます。会話の中から、この家族が生活するには最低限どれだけのお金が必要なのかを、頭の中で組み立てて計算しながら質問をしているんですね。

個人事業主の場合、所有している車を仕事にも使うし、家族のためにも使うということがあるかと思います。車を2台所有していて、1台は仕事用で、1台はプライベートという風に使い分けをしていることが明らかであれば、おとがめなしという場合もあるかもしれません。でも、この事例のように、仕事でも使うけれど、子どもさんの塾の送り迎えにも使っているということであれば、事業割

合が100パーセントであるとは言いきれないのです。

「え〜、税務署って、そんな細かいことまで言うんですか?」

そんな声が聞こえてきそうですね。

でも、そこの線引きは大切です。車の利用状況について、顧問の税理士さんがしっかり聴き取りをしていれば、このような事態を避けることができたのです。事業割合をはじき出すのは面倒かもしれません。でも、ちょっと考えてみると割合をはじき出すことができると思います。

(全体の走行距離－塾の行き帰りの距離×回数)÷全体の走行距離

いかがでしょうか。1か月でいいので、その割合をはじき出してみるように、顧問の税理士から、話をするべきでしょう。

実際に走行距離を計算しても、塾の送迎は、10パーセントにもならないんじゃないの?

と思われるかもしれません。車を、仕事以外で使っているのに、何の試算もせずに、100パーセント必要経費に入れていることを見つけると、税務署は、他の項目についても、検討をしないまま申告をしている可能性があるとみるわけです。

この事例の車の場合、右の算式で事業割合を算出して、一旦、車の事業割合が90パーセントだと決めたら、車に関係する費用、たとえば、車検費用、ガソリン代、損害保険料など、90パーセントを必要経費にする計算をしなければなりません。すると、ちりも積もればなんとやらで、家事分がどれくらい必要経費に入ってしまっていたのかがわかってくると思います。

〝事業割合〟という発想は、事業主サイドではなかなか気付くことができないと思います。ここは、顧問の税理士さんが気を付けて指導するべき部分でしょう。

車の事情割合など、微々たるものですが、そこをきちっとしていると、調査官も

車のことも事業割合を出しているから、ここの顧問の税理士さんは他の項目もしっかりチェックしてそうだな！

と思うわけです。

そこまで説明しないと、お客様である経営者は細かいところまでやってくれないかもしれません。でも、そんなと

ころまで注意をしてくれるのだということが、他の税理士との差別化になり信頼関係を作っていくことにつながるのだと思います。

ここまでのポイント

●事業年度が終わり近くになって、急に経営者が相談してくる場合、〝今ごろ言うなよ！〟と面倒くさがり、安易に返事をしないようにしましょう。

●車など、大きな買い物をする場合は、資金出所も含め、必ず、税理士に相談してからにするよう日ごろから経営者と話をしておきましょう。

●経営者だけではなく、顧問先の家族の生活状況についても、日ごろから、聴き取りをしておくように心がけましょう。

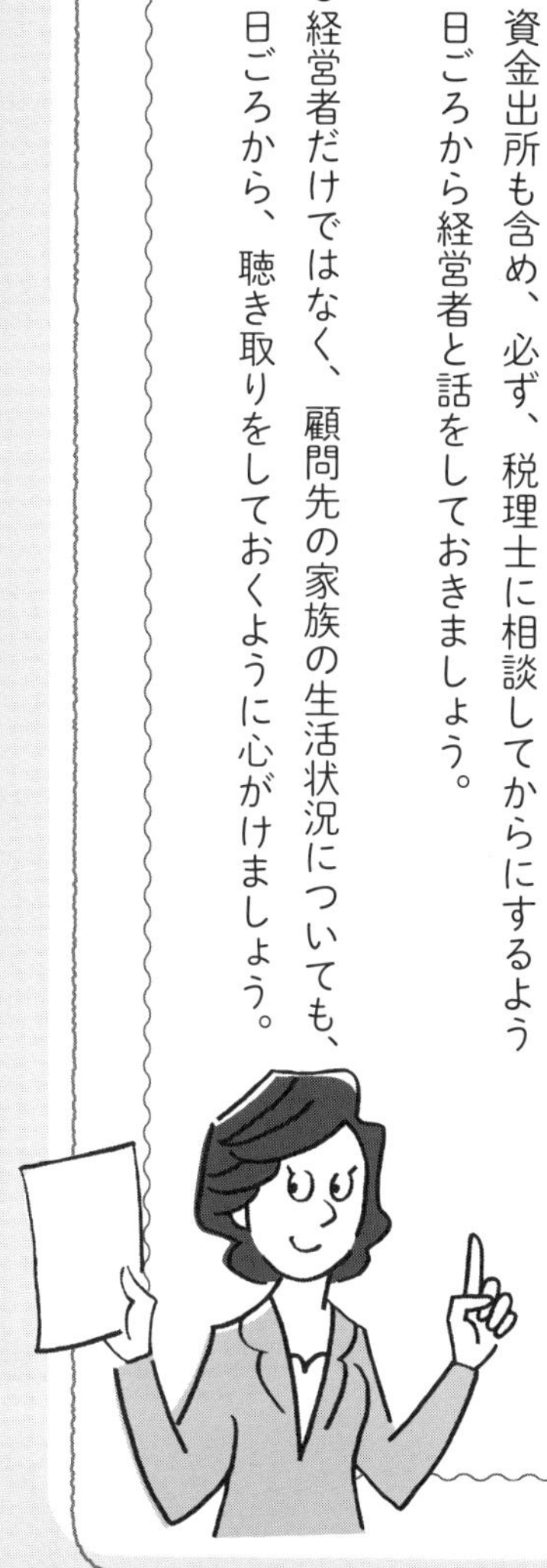

を尋ねます。そして、次に、「端緒」は見つかったのかを聞くのです。実際に現場に出向いて調査することを臨場調査というのですが、調査官たちは、調査に行った先で全神経を集中させ不正発見の糸口となる事柄を探すのです。

お客様に選ばれる税理士を目指すのであれば、この調査官目線や嗅覚を培うことも必要です。

「あれ？ これって、これでいいのかな？」

最初はそんな感覚からでいいかと思います。

「あるべきはずのものがなくて、ないはずのものがある」ときには、お客様である経営者に厳しいことを言わなければならない場面も出てくるかもしれません。

日ごろから些細なことも見逃さないように注意しておけば、お客様である経営者が不正を働いてしまうことを防げる、そんな税理士になれるのではないかと思います。

【コラム】

～経営者に税務知識を
やさしく解説しよう～

その⑩「端緒（たんちょ）」

真面目さんのように独立開業して店を構えると、雇われの身に戻らない限り、ずっと国税当局、税務署と付き合い続けることになります。そんな経営者と二人三脚で歩んでいくのが、税理士の仕事です。

税理士は、お客様である経営者が適正に申告し、きちんと税金を納めるように指導もしなければなりません。そのためには、調査官たちがどんな風に調査対象を選んでいるのかということも知っておかなければならないと思います。

筆者は、2016年に『調査官目線でつかむセーフ？ アウト？税務調査』（清文社）という本を出版しました。この本は、真面目過ぎて税務調査と縁遠い税理士さんに向けて、調査官目線を知っていただき、お客様である経営者とコミュニケーションをとるために役に立てて欲しいと思って書きました。

調査官は、なぜ、わざわざ税務調査にやってくるのか。それは、調査に行った現場で「端緒（たんちょ）」を見つけるためです。「端緒」とは、不正を発見するきっかけのことです。税務署には、夕方になると税務調査を終えた調査官たちがそれぞれの「島（しま）」と呼ばれている部門に戻ってきます。そして、どんなことを調べてきたのか、統括官である上司に報告をするのです。

この報告のことを「復命」と呼んでいます。

まず上司は、今日行った調査先の経営者はどんな人だったのか

税理士事務所あるある③

実は、税理士を変えるって大変なんです…。

今回は税理士変更のお話です。

この税理士の変更。実は、結構大変なんです。言わずと知れたことですが、経理や税務は、企業の営業活動の足跡。連綿と続くものです。だから、いざ税理士を変更しようとすると、前の税理士がどんなデータを作成していたのか、それを引き継ぐ必要があるわけです。

会計事務所の中には、顧問先のデータを新しい事務所に提出することをためらう事務所もあります。大量の紙でしか引継ぎできないと言われ、巨大な段ボール箱が送られてきたり、いつまでたっても、何度督促してもデータをもらえなかったりすることがあります。ウソのような話ですが、結構〝あるある〟なのです。

会計処理・経理処理なんてどこの事務所にお願いしても同じだろうと思っていらっしゃる方も多いと思いますが、そうではありません。

なぜ、そんなことが起こるのでしょうか。それは、「何のために会計の帳簿を作るのか」という目的が異なるからと考えています。「税金計算のため」、「金融機関など社外からの信頼を獲得するため」、「経営状態を正確に把握し、日々の経営や管理に役立たせるため」など、目的によって、どこまで細かく帳簿に記録するかが異なります。

期の途中で会計帳簿の作り方が変わると、経営者の経営判断がしづらくなります。早く税理士事務所を変えたいと思っているけれど、決算・申告を終えるまで、とずるずる伸びてしまうのには、そんな理由があるのかもしれません。お客様である経営者の意見を税理士が聞き入れてくれないという場合もあるでしょう。担当者がコロコロ変わる、対応するスピードが遅いなど、税理士を変えたい理由は様々だと思うのです。今の税理士に不満があるから新しい税理士にお願いしたいと思うわけですが、新しい税理士に何を期待するのか、どのようなことを依頼するのか、このあたりを正確に見極めて、きちんとコミュニケーションをとっておくことが重要だと思います。

Credo税理士法人では、

●飲食専門で、特に財務に強いため、飲食店の経営がしやすく、かつ、金融機関など社外からの信頼を獲得できるような会計の帳簿づくりを行う

●経営者や管理者の方が、現場で使える日報や各種管理表を提供し、その管理表から必要な箇所だけをクラウド型の会計システムに取り込む仕組みで運用する

●これによって、会計事務所に渡すためだけを目的としたデータ作成が不要となり、本業に集中してもらうことができる

という点を明確に打ち出しています。

会計データはすべてクラウド上にあり、お客様がID・PWDを管理しているので、もし引継ぎが必要になった場合には、ID/PWDをお客様から新しい税理士に教えいただくだけで、会計データの引継ぎは一瞬で終えられます。

期の途中で、他の税理士から引き継ぐときは、「この帳簿の作り方だと、原価を正しく把握で

きていないだろうな」とか、「人件費の考え方もミスリードを生んでしまう方法だな」などと思う場合、自社のやり方ですべての会計データを入れ直し、正しい判断ができる帳簿に作り替えることを行っています。結果的に、そのほうが顧問先も経営が見えるようになり、こちらの会計処理もスムーズに行えるようになるため、双方ｗｉｎ－ｗｉｎとなるケースがよくあります。

税理士を変更することは、経営者にとっては一大事です。税理士としては、お客様に去られる側になることも、新しくお客様を迎える側になることもあるでしょう。いずれの場合も、気持ちよく引継ぎができる税理士事務所でありたいと思うのです。そのためには、お客様である経営者と、十分にコミュニケーションをとることが何より大切だと思います。

第4章

顧客のギモン11

「源泉の話をしたらベテランのパートさんが辞めてしまったんです！」

重里華事務員は、30代半ばでしょうか。化粧は派手目だけど、少し鼻にかかった声が可愛くて、津井輝税理士としては、嫌いなタイプではありません。機嫌の悪い時に八つ当たりされることもあるけれど、それも許せる範囲です。そんなわけで、津井輝税理士は、重里華事務員がお客様から質問されて答えられないことがあった時は、助け舟を出してあげるようにしていました。

重里華事務員は、今年になって新たに1件、飲食店の担当をするようになりました。津井輝税理士が真面目さんの税務調査に立ち合いをしたことで、大先生から、飲食店の担当をする際の注意点は津井輝税理士に聞くように言われたため、何かと質問するようになっていました。

重里華事務員：「津井輝先生。今、ちょっといいかなぁ～」

津井輝税理士：「はい、いいですよ」
重里華事務員：「先月から私が担当することになった人、名前は讃岐元(さぬきもと)さんっていうんだけどぉ」
津井輝税理士：「うどん屋さんですね」
重里華事務員：「そうなの。大先生がこの前、取ってきたお客さんなんだけどね」
津井輝税理士：「はい」
重里華事務員：「讃岐元さんの今までの申告書とか書類を見ながら、今年の決算書作る準備してるんだけど、どうすればいいのかなってことが出てきちゃったの」
津井輝税理士：「どんなことなんです？」
重里華事務員：「アルバイトが何人かいるんだけど、ずっと名前が挙がってる人が3〜4人いるんだよね」
津井輝税理士：「はい」
重里華事務員：「でね、この4人。源泉徴収しないといけないんじゃないかって思うんだけど、どうなんだろ」
津井輝税理士：「そうなんですか」

重里華事務員：「パートのおばさんって感じなんだけど、朝の8時から13時が2人、15時から20時までが2人。それぞれ5時間働いてるんだよね」

津井輝税理士：「時給はいくらなんですか？」

重里華事務員：「1、050円。土日は休んでるんだけど、1か月の間で20日はシフトに入ってるみたい」

津井輝税理士：「じゃあ、1、050円×5時間×20日×12か月で、年間1、260、000円ってことになりますよね」

重里華事務員：「でしょ～。これって、讃岐元さんに言ってあげないとダメよねぇ」

津井輝税理士：「そうですね」

元国税調査官 飯田真弓 税理士からのおせっかいアドバイス

津井輝税理士は、重里華事務員とはコミュニケーションがとれているようですね。税理士としてお客様とかかわりを持つ場合、創業当時から関与するということのほうが少ないように思います。瀬戸際税理士法人は、大先生がいろんなところからお客様を連れてくるので、それまでどんな税理士に頼んでいたのか、わからない場合もあるようです。

税理士資格のない人に頼んでいたということもよくあります。税理士以外に税務の仕事を許されているのは、弁護士と公認会計士だけです。会社員で経理担当をしているからとか、申告書を書くことができるからということで、資格を持っていないのに、税務の仕事をしてしまうと、税理士類似行為として税理士法違反となるのです。

経理士さんに頼んでいるという話を聞くこともあるのですが、日本には、経理士という国家資格はありません。税理士の資格はないけれど、税理士事務所で働いているからということで、社会保険労務士が、小遣い稼ぎに申告書の作成をしているという話も聞いたことがありますが、これも当然NGです。

税理士の資格を取っていないのに、国税で勤務したことがあるということで、申告書の作成はしないけれど、税務コンサルタントなどと名乗っている人達がいるようですが、あれはどうなるんでしょう。そんな肩書の方が書いた領収書があれば、なんでも経費に落とせるみたいなタイトルの本を書店で見かけることがあります。キャッチーなタイトルが、善良な市民を惑わせていると思うと、心が痛みます。

また、昨年は、テレビなどにもよく出ているタレントが、何年もの間、法人税、所得税、消費税などを申告していなかったとして話題になりました。その際、税理士の資質についても議論されていました。国民一人一人の納税意識を高めるために、税理士はもっと貢献しないといけないと思っています。

重里華事務員は、今までなら大先生や番頭の根田宮さんに言われた仕事を言われたとおりに片付けるだけでいいと思っていたようです。でも、津井輝税理士の影響を受けて、自分もお客様に正しいことを提案したいと思うようになったのでしょう。津井輝税理士が「困った時は助け舟を出す」と言ってくれたので、重里華事務員は、讃岐元さんに電話で源泉徴収について説明をすることにしました。

重里華事務員：「私、瀬戸際税理士法人の重里華と申します。讃岐元さん、いらっしゃいますでしょうか」
讃岐元：「はい、私が讃岐元ですが」
重里華事務員：「お世話になっております。私は、讃岐元さんの担当をさせてもらっているんですけど、今、お電話よろしいですか」
讃岐元：「はい、どうぞ」
重里華事務員：「実は、讃岐元さんのお店で働いておられるパートの方のことなんですけど、長年来ておられる方が、何名かいらっしゃいますよね」
讃岐元：「ええ、4人います」
重里華事務員：「この4名の方、結構、シフトに入ってらっしゃいますよね」
讃岐元：「ええ、そうですね」
重里華事務員：「実は、この4名の方、源泉徴収が必要だと思うんです」
讃岐元：「ゲンセンチョウシュウ…？」

重里華事務員：「はい」

讃岐元：「う～ん。瀬戸際税理士法人さんに頼む前はそんなこと一度も言われたことなかったけどねぇ」

重里華事務員：「そうなんですか？　でも、この４名の方、ずっと、讃岐元さんのところで、働いておられるんでしょ？」

讃岐元：「ええ、ベテランですからね。うちのお店は、彼女たちでもってるみたいなもんですから」

重里華事務員：「讃岐元さんは、源泉徴収義務者になるんです。なので、パートであっても、お給料を支払う際に所得税を預かって納めていただかないとダメなんですよ。一度、この４名の方に、源泉徴収の話をしていただけませんか。それから、この方たち、ご主人いらっしゃるんじゃないですか？　だとしたら、税務調査があった場合、ご主人に、配偶者控除を否認する申告をしてもらうことにもなると思うんです」

讃岐元：「急に電話してきて、そんな色々言われても…」

重里華事務員：「でも…」

讃岐元：「わかりました。パートの４人に源泉徴収するって言えばいいんですね」

重里華事務員：「はい」

讃岐元：「じゃあ、お店が暇な時を見計らって、4人に話してみます」
重里華事務員：「ではお手数ですけど、よろしくお願いいたします」

数日後、讃岐元さんが、重里華事務員に電話をかけてきました。

讃岐元：「もしもし、重里華先生いますか」
重里華事務員：「はい、私ですけど」
讃岐元：「どうしてくれるんですか！」
重里華事務員：「えっ、どうされたんですか」
讃岐元：「うちのパートさん4人に、源泉徴収のこと話したんですよ。このままだったら、所得税がかかるし、旦那さんの扶養家族も外してもらわないといけないって」
重里華事務員：「ええ、それで合ってると思うんですけど」
讃岐元：「何を寝ぼけたこと言ってるんだ。それでじゃないよ。あんたから言われたとおり、これからは、毎月給料払う際に所得税を預かって、こっちで納めることになるからって説明したんだよ。そしたら、4人とも、ちょっと考えさせてくださいって言って、帰ったわけだよ」

重里華事務員：「それで…」
讃岐元：「もう、辞めるってさ。みんな、旦那の扶養から外れるのなら、もう、辞めるって。4人いっぺんにだぞ。どうしてくれるんだ。これじゃ、商売あがったりだ！」
重里華事務員：「そっ、そんなこと言われても…」

重里華事務員は、お客様に正しい申告をしてもらいたいと思って、指導をしたつもりが、お客様を怒らせることになってしまったようですね。讃岐元さんは、ベテランのパートさん4人が一度に辞めると言ってきたので、どうしていいかわからなくなってしまったようです。経営をしている中で、ずっとやってきたことを変えるのは、大変なことだと思います。

では、この場合、重里華事務員はどうすればよかったのでしょうか。それは、讃岐元さんの立場になって考えてみるとよかったのではないかと思います。讃岐元さんは、パートの4名でお店が成り立っているようなものだと言っていました。讃岐元さんは、4人のパートさんに辞めてもらっては困るわけです。で、4人のパートさんには、それぞれにご主人がいて、その扶養に入れる範囲で働き続けたいと思っていたんですね。

4人のパートさんに辞めて欲しくないと讃岐元さんが言ったとき、こんなやりとりをすればよかったのかもしれません。

讃岐元：「ええ、ベテランですからね。うちのお店は、彼女たちで持ってるみたいなもんですから」

重里華事務員：「そうなんですね。讃岐元さんとしては、４名のベテランのパートの方には、辞めて欲しくないと思ってらっしゃるんですね」

讃岐元：「そうです」

重里華事務員：「じゃあ、今から、私の話を聞いてもらえますか。４名の方にそれだけお給料を支払っていたことに対して、税務調査に入られた際に、讃岐元さんは、源泉所得税を追加で納税することになるかと思います。それから、４名の方のご主人が、奥さんを扶養家族から外す申告をすることになる可能性もあります。これは済んでしまったことなので、どうしようもありません。でも、これからのことは対策を考えることができると思うんです」

讃岐元：「どんなことがあるんですか？」

重里華事務員：「扶養家族に入れる範囲で働いてもらうように、年間のシフトを組むということです。どうしてもベテランの方に居て欲しい曜日や時間と、そうでもない時間帯があるんじゃないですか？」

讃岐元：「そうですね。あるかもしれません」

重里華事務員：「年末にまとめて休むという方法もあるかと思うのですが、それよりも、年間を通して計画を立てて、扶養家族に入れる範囲で働くようにしてもらってはどうでしょうか。場合によっては、私がベテランの方に説明しに行ってもいいと思っています」

いかがでしょうか。

これがバッチリ正解ということではないと思います。パートさんの場合、収入が多ければ多いほどよいと思っているのか。扶養家族の範囲で働きたいと思っているのか。配偶者特別控除の改正なども踏まえながら、経営者もそこで働く方も正しく納税するように導くという目線が大切なのではないかと思います。四角四面にいきなり正論を振りかざして「こうしてください」と言っても、なかなかできないことがあるでしょう。できるところから少しずつ、お客様である経営者の目線に合わせてゆっくりと説明し納得してもらえるよう言葉を尽くすことが、コミュニケーション力をアップさせることにつながっていくのだと思います。

ここまでのポイント

●お客様から、人を雇いたいという相談を受けた際は、給与を支払う際に、源泉徴収をしないといけないことを説明しておきましょう。

●個人事業主であっても、正社員として雇う場合は、雇用保険に加入しなければならないことを説明しておきましょう。

●源泉所得税は預り金であり、納付を忘れることがないように、税理士事務所でも確認するようにしましょう。

顧客のギモン 11
「源泉の話をしたらベテランのパートさんが辞めてしまったんです!」

わせて確認することもできます。電話番号は、03-5435-0931 です。

なお、弁護士、弁護士法人については、国税局の総務課にお問い合わせください。

このご時世、何にでもニセモノがいるわけで、税理士にもニセモノがいるようです。税理士にお願いすることは、命の次に大切な「お金」に関わる話です。最近では、税理士の資格を持っている人でも、手続を誤り、損害賠償することになる事例が増えていると報道されています。

AI にとって代わられる業種と言われていますが、税理士は人と人とが直接かかわる仕事です。お客様である経営者との相性もあるでしょうが、親身になって話を聴き、ホンモノだと思っていただける税理士を目指したいものだと思います。

【コラム】
～経営者に税務知識を やさしく解説しよう～
その⑪「にせ税理士にご注意」

国税庁の HP にこんな注意喚起があります。

No.9204　にせ税理士にご注意
［平成 31 年 4 月 1 日現在法令等］
納税者からの依頼を受けて行う税務代理、税務書類の作成及び税務相談の業務は税理士業務とされ、これらの業務を行うことができるのは、税理士、税理士法人、国税局長に通知をした弁護士及び弁護士法人に限られています。その他の個人や法人が有償・無償を問わず税理士業務を行うと、税理士法第 52 条違反として罰せられることになります。
税理士でないのに税理士業務を行っている、いわゆるにせ税理士に税理士業務を依頼した場合、不測の損害を受けたり、あとあとまで税務上のトラブルの原因となるおそれもありますので、ご注意ください。
資格を有し日本税理士会連合会に備える税理士名簿への登録を受けた税理士は、日本税理士会連合会が発行する税理士証票を持っています。
税理士であるかどうかの確認については、税理士証票の提示を受けて確認するほか、日本税理士会連合会のホームページの税理士情報検索で検索を行ったり、日本税理士連合会に電話で問い合

「台風で屋根が飛んでいったら必要経費でいいんですよね？」

税理士はいうまでもなく、税金のプロです。経営者からすると、税理士はあらゆる法律の専門家なのだという印象をお持ちかもしれません。お医者さんのことを先生と呼ぶように、税理士も先生と呼ばれているのは、法律に関して専門知識を持っていることに敬意を表しているから、という意味もあると思います。

税理士事務所のお客様は、自分の担当者が税理士の資格を持っているかどうかに関わらず、先生と呼んでいることが多いです。事務員が、「私は税理士の資格を持ってないので、先生と呼ばないでくださいね」といった場合は別だと思うのですが、そんなことをいう事務員はあまりいないように思います。

瀬戸際税理士事務所の大先生は、一日中事務所にいるということがありません。毎日、どこかに出かけていきます。そして、毎月、どこからか、新しいお客様を獲得してくるのです。年が明けて、確定申告を控え、お客様の数は増えるのに事務員は増えず…。瀬戸際税理士法人は、ちょっと殺気立っていました。

特に、重里華事務員は、毎日、領収書の入った袋に囲まれ、イライラがマックスになっているのか、席を立って1階に降りては、煙草をふかしていました。

その日、重里華事務員が担当している革製品製造業の栗栄都（くりえいと）さんが、書類を持って事務所にやって来ました。例によって、津井輝税理士が応接室にコーヒーを出しに行った時の話です。

重里華事務員：「栗栄都さん、ご苦労様でした。じゃあ、この書類、お預かりしますね」
栗栄都：「ありがとうございます」
津井輝税理士：「重里華先生。コーヒーを淹れてきました」
重里華事務員：「遅いわねぇ。もっと、早く持って来てよ。栗栄都さん、もう、お帰りになるところじゃない…」
津井輝税理士：「あっ、すいません」
栗栄都：「いえいえ、ありがとうございます。コーヒーいただいて帰りますよ」
重里華事務員：「じゃあ、私はこれで…」
栗栄都：「あっ、そうだ、重里華先生。ちょっと聞いておきたいことがあったんですけど、今、いいですか」

重里華事務員：「・・・」
津井輝税理士：「あれ、重里華さん、怒ってるんですか？」
重里華事務員：「別に…」
栗栄都：「忙しいんなら、今度もでいいですけど…」
重里華事務員：「別に…」
津井輝税理士：「あっ、私が代わりにお聞きしましょうか」
重里華事務員：「余計なことしないで。栗栄都さんは私の担当なんだから」

栗栄都さんは、一旦、重里華事務員に渡した書類の袋の中を探り出しました。

栗栄都：「あの～、これなんですけどね」

栗栄都さんは、一枚の領収書を机の上に置きました。
その領収書に記載された金額は津井輝税理士の目にも入ってきました。

重里華事務員：「なんですか、これ…？」
栗栄都さん：「今年、台風が来たじゃないですか」

重里華事務員：「そうでしたっけ？」
栗栄都さん：「結構、大きいの来たじゃないですか」
重里華事務員：「そうですか」
栗栄都さん：「来ましたよねぇ。津井輝先生」
津井輝税理士：「ええ、そうですよね。結構、でかい台風でしたよね」
重里華事務員：「それで」
栗栄都さん：「その時の、修理代なんです」
重里華事務員：「そうなんですね。わかりました」
栗栄都さん：「えっ、わかりましたって、それでいいんですか」
重里華事務員：「修理されたんですよね」
栗栄都さん：「はい、そうですけど」
重里華事務員：「修理された費用は勘定科目としては修繕費になりますから、それで処理しておきますけど、まだ何か？」
栗栄都さん：「いや〜、あの〜、たしか、前に瀬戸際先生から、大きな出費があった時は、その都度言ってくださいねって言われたような気がしてたんですけど」
重里華事務員：「えっ」

津井輝税理士：「あの～。ちょっとこの領収書、拝見していいですか？」
栗栄都さん：「はい、どうぞ」
津井輝税理士：「××工務店さんに、お支払いされた領収書なんですね」
栗栄都さん：「そうです。去年の台風の時も、ヤバいなって思ってたんですけど、今年、屋根瓦が数枚、飛んで行ってしまったんですよ」
津井輝税理士：「それは、大変でしたねぇ」
栗栄都さん：「業者もなかなか来てくれなくて、でも、早く修理してほしいじゃないですか。足もと見られたのかな、結構な金額になったんです」
津井輝税理士：「そうなんですね。これ、領収書ですよね。どこをどんな風に修理したか、わかりますか？」
栗栄都さん：「どこをどんな風に…、ですか」
津井輝税理士：「ええ」
栗栄都さん：「それって、必要なんですか？」
津井輝税理士：「はい。屋根って、どこの屋根なんでしょうか？」
栗栄都さん：「どこって、工房です。自分では、工房っ呼んでるんですけど、まあ、自宅兼作業場の屋根です。あっ、それと…」

津井輝税理士：「それと…？」
栗栄都さん：「それと、一緒に風呂場も修理してもらいました」
津井輝税理士：「必要経費として落とせるのは、直接お仕事に関係する費用に限られるんですよ」
栗栄都さん：「直接って、どういう意味なんでしょうか」
津井輝税理士：「直接は直接、としか言いようがないんですけど」
栗栄都：「実は、今年は、ちょっと儲けが出たし、嫁さんがついでに気になってたところも全部直してもらおうって言い出したんです」
津井輝税理士：「そうなんですね。修理代の内訳ってわかりますか？」
栗栄都さん：「嫁に聞いたらわかると思います」
津井輝税理士：「ＦＡＸでもいいので、お願いできますか」
栗栄都さん：「わかりました。これ、全部経費に入れてもらっていいのかなって思ってたんです。全部は経費にならないってことなんですよね？」
津井輝税理士：「ええ、まあ、そういうことです」
栗栄都：「やっぱりそうだったんですね。よかった〜。モヤモヤしてたのが、スッキリしてよかったです。ありがとうございました」

元国税調査官

飯田真弓税理士からの

おせっかいアドバイス

津井輝税理士は、税務調査を経験してから、今までとは違って、領収書を一枚一枚じっくり見るようになったようです。常にそういう見方をするようになると、見慣れない領収書を見つけた場合、「これは何かな?」と気付くようになります。重里華事務員は、大先生に言われたとおり、とにかく預かった書類を勘定科目に振り分けて入力することにやっきになっていたようです。でも、栗栄都さんは、「これは入れていいのかな?」と気になり、重里華事務員に確認を求めたわけです。

ここで、もうひとつ、確認すべき点があります。お気付きになりましたでしょうか。おそらく、お風呂の修理代は必要経費に含めてはいけないでしょう。それから、栗栄都さんは、住まいの屋根を修理したと言っていました。自宅で仕事をしている場合、家事按分をする必要があります。リアルに面談したのですから、津井輝税理士はその場で、栗栄都さんが自宅の中でどんな風に仕事をしているのか聴き取りしておくことが必要だったと思います。

津井輝税理士：「栗栄都さん、お住まいの屋根を修理したということですけど、お仕事はご自宅でされてるということなんですか？」
栗栄都さん：「ええ、そうです」
津井輝税理士：「確認なんですけど、必要経費の家事按分はされてますでしょうか？」
栗栄都さん：「カジアンブン、ですか」
津井輝税理士：「やってなさそうですね」
栗栄都さん：「多分…」
津井輝税理士：「お家の間取りってわかりますか？」
栗栄都さん：「4LDKです」
津井輝税理士：「仕事に使っている部屋は、何部屋ありますか？」
栗栄都さん：「一部屋です」
津井輝税理士：「それが、工房と言われていた部屋なんですね？」
栗栄都さん：「はい」
津井輝税理士：「家全体の修理をされた場合、お仕事をされている部分に相当する金額を経費で落とすという考えになるんですけど、これって、わかりますか？」
栗栄都さん：「はい、わかります。ってことは、風呂の修理代は、この領収書の合計金額から差し引きしないといけないってことなんですね」
津井輝税理士：「そうなります。それと、今まで、電気代やガス代なんかはどうされてましたか？」
栗栄都さん：「どうって…？」
津井輝税理士事務所：「家事按分していたかどうかってことです」
栗栄都さん：「私は、領収書をそのまま先生にお渡ししてただけなんで、できてないと思います」
津井輝税理士：「そうですか。じゃあ、それらについても、生活費に相当する部分は経費から除くことになります」
栗栄都さん：「なんだか、細かい話ですねぇ」
津井輝税理士：「細かいんですけど、ここをしっかりやっているのと、していないのとでは、税務署の見方が全然違ってきますからね。なので、家事按分はしっかりしておくべきなんです」

個人事業主の方が、自宅で仕事をしているというような場合、その出費が生活部分としての出費なのか、事業用としての出費なのかの判断をする必要があります。栗栄都さんの自宅が4LDKで、1室を仕事に使っているということであれば、5分の1が仕事用と考えるとわかりやすいかと思います。

今年はいつもの年より儲かったから、お金のある今の時期に気になっていた部分をまとめて修理しておこうという気持ちになるのはわかります。でも、修理をした分全額が必要経費になるわけではないのです。修理のつもりが、現状回復ではなく、それ以上持ちがよくなるという場合は、減価償却しないといけないということにもなります。何かを修理する場合、修理する前の状態を写真に残しておけば、後になってからでも、それが修理なのか、さらに持ちよくするための修繕だったのかがわかるかと思います。

通常の業務では起こらないけれど、なんらかの理由で一度にたくさんお金が必要になるという場合は、税理士さんに相談するべきでしょう。経営者の側は、なかなか話してくれないと思います。情報を収集するためには、税理士は、具体的に話を聞くように心がけることが大切です。

「大きな買い物をしようとする場合は、自宅の分でも仕

事の分でも、何でも事前に言ってくださいね。」

この一言があるかないかで変わってきます。そんな話を切り出しやすいように、税理士が相手と同じ目線に立って、日ごろからコミュニケーションをとっておくことが大切だといえるでしょう。

ここまでのポイント

- 預かり書類を確認して、「あれっ?」と思ったことがあったら、その都度、お客様である経営者に確認するクセをつけましょう。
- 店舗付き住宅の場合、使った費用に家事分が含まれている可能性があることを、早い段階でお客様である経営者に伝えておきましょう。
- 併せて、可処分所得の感覚をお客様にも実感していただけるように説明をしておきましょう。こうすることで、実際の生活は成り立っているのに、帳面上は赤字という状況になることを防げるでしょう。

税理士であれば、修理にかかった費用が多いと、その書類から、
「あれ？ これって資本支出に該当するんじゃないのかな？」
と気付けると思います。でも、経営者は、「今年は、ちょっと儲けが出そうだから、気になってたこれを修理しておこう」と思うわけです。で、注意しないといけないのは次です。

業者の人から、「修理してもこれくらいのお金はかかってしまいます。もう少しお金を出していただいたら、新しいのに取り換えることができますよ」という風に言われることもあるのです。こうなると、修繕費ではなくなります。修繕費でなくなるということは、かかった費用が全額必要経費にはならないということです。

経営者は修理だと言っても、傷んでいる状態がどんな具合だったかを確認できない場合は、修繕費と認められないケースもあります。

何かを修理する際は、修理する間の状態を写真などで残しておいて、それが、原状回復に留まる修繕であるということが証明できるように、記録を残しておくことが大切です。

古くなった機材などがある場合、修理する前に税理士に一言声をかけてもらい、修繕費で落とすのか、新品を購入して資産計上するのか、そうことも事前に相談できるように、日頃からコミュニケーションをとっておくことが大切だと思います。

【コラム】

～経営者に税務知識を やさしく解説しよう～

その⑫「修繕費と資本的支出」

2018年、2019年と、まれに見る大型台風が襲来しました。自宅倒壊などの被害に遭われた方がたくさんいらっしゃったかと思います。筆者が住んでいる地域でも、住宅地から駅をつなぐ橋の欄干が崩れ落ちました。修理を依頼される業者は、住宅などの工事に追われていたのだと思います。駅につながる橋の修理が開始されたのは、台風が来てから半年後の年末を迎えたころでした。

事業を行う際、店舗だったり、機材だったり、色々なものが必要になってきます。大きなものや何年も使えるものは減価償却資産として帳簿にも計上することになるのですが、使っているうちに調子が悪くなることもあるかと思います。その際、当然、修理をしますよね。日常生活の中では、修理といったり、修繕といったりするでしょう。税務や会計の世界では、修理にかかった費用については「修繕費」という勘定科目で必要経費に算入することになります。

でも、このことを、お客様である経営者に説明されているでしょうか。

そんなことイチイチ経営者に言わなくても、経理処理するのは自分たち税理士なんだから、必要ないんじゃないの？

そんな風に思われたでしょうか。

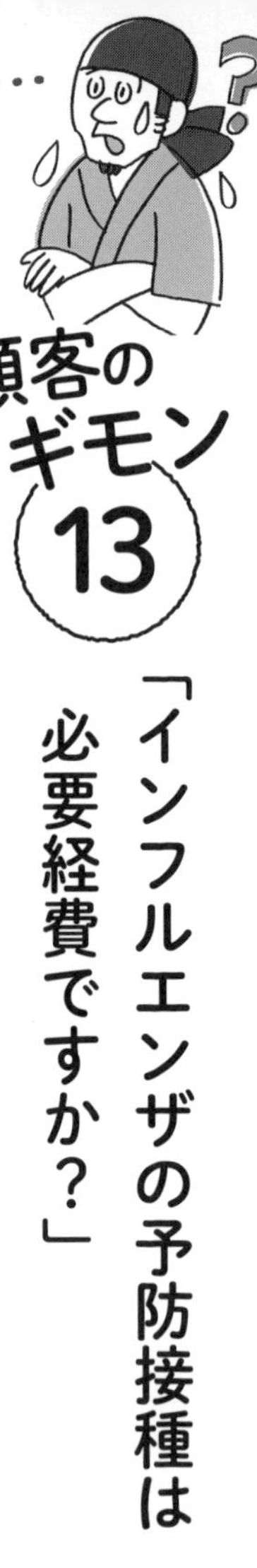

「インフルエンザの予防接種は必要経費ですか？」

年末年始は、忘年会や新年会の予約がたくさん入り、嬉しい悲鳴をあげていた居酒屋「大真面目」の店主、真面目一徹さん。2月に入って少し落ち着いたということで、1月分の書類を瀬戸際税理士法人に持ってきました。

真面目：「津井輝先生、こんにちは。風邪などひかずに元気でやっておられますか」

津井輝税理士：「なんとか、だましだまし元気を装ってるって感じです。実は、番頭の根田宮さんがインフルエンザにかかってしまって、お休みされてるんですよ」

真面目：「そうなんですか」

津井輝税理士：「娘さんが小学校でインフルエンザをもらってきたみたいで、最初、奥さんがかかって、今度は、根田宮さんにうつったらしいんです」

真面目：「私も、食べ物屋をやるようになってからは、予防接種するようにしてるんですけど、最近のインフルエンザは、予防接種しててもかかったりするみたいですからね」
津井輝税理士：「私もしたほうがいいのかなぁ。予防接種…」
真面目：「根田宮先生と同じ事務所で働いてたってことは、もうすでに感染してるかもしれませんよ。だとしたら、今から予防接種しても遅いかも」
津井輝税理士：「そんな風に言われると、ちょっと熱っぽいような気もしてきました」
真面目：「その予防接種の領収書なんですけど、12月分を先生に渡すの忘れてたんで、今日、持ってきたんです。これって、医療費控除で引いてもらえるんですよね？」
津井輝税理士：「えっ、あっ、ああ、そうですね。じゃあ、お預かりしておきます。これ以外にも、医療費って払われてましたっけ？」
真面目：「実は、去年、娘がケガをしたんですよ。嫁から、あんまり人に言うなって釘を刺されてたんで、先生にも言ってなかったんですけど」
津井輝税理士：「えっ、ケガされたんですか？」
真面目：「ええ、大学でチアリーダーやってるって言ってたじゃないですか」
津井輝税理士：「言われてましたね。アメリカにも行ったとかって」
真面目：「あいつ、小柄なもんで、上に乗る役目だったらしいんですけど、うまくキャッチしてもらえなくって、顎の骨を折るケガをしたんですよ」

津井輝税理士：「ええ〜、それって、大ケガじゃないですか」
真面目：「その時は、嫁が飛んで行って看病してたんですけどね。娘は、凝りもせず、チアリーダーやってますよ」
津井輝税理士：「それは大変でしたね」
真面目：「娘は一緒には住んでませんけど、私の確定申告で医療費控除できるんですか？」
津井輝税理士：「医療費控除の要件として、〝生計を一にしている〟という要件があるんですけどね。娘さんの場合、離れて暮らしているけれど、その生活費は親御さんが出しておられるので、〝生計を一にしている〟といえると思いますよ」
真面目：「病院にかかった費用もあるので、領収書を郵送するように言ってるんですけど、まだ送ってこないんですよ。これって、確定申告までに出せばいいんですよね？」
津井輝税理士：「ええ、まあそうですけど」
真面目：「それって、3月15日の分まで ってことですよね？」
津井輝税理士：「いいえ、医療費控除は、1月1日から12月31日までに支払った分です」
真面目：「去年、3月15日までの領収書を加毛薄先生に渡したような気がするんですけど…」
津井輝税理士：「あれ？ そうなんですか。でも、たしか、真面目さんの去年の確定申告は医療費控除の欄に数字は入ってなかったように思います」
真面目：「そうなんですか」
津井輝税理士：「すいません。きちんと説明できていなかったのかもしれません。医療費控除は、医療費の請求を受けた日ではなく、医療費を支払った日が、1月1日から12月31日の分を計算するんです。それと、娘さんは入院されてたんですよね？」
真面目：「はい」
津井輝税理士：「真面目さん、たしか、損害保険入ってましたよね？」
真面目：「そういうのって、嫁に任せてるんでよくわからないんですけど」
津井輝税理士：「損害保険の支払証明書があったので、入ってると思いますよ」
真面目：「そうですか」
津井輝税理士：「ケガをして入院したことで、保険から、お金が戻ってきてると思うんです。その金額も教えてもらえますか？」
真面目：「お金が戻るんですか」
津井輝税理士：「入院給付金の支給を受けておられると思います」
真面目：「入院給付金…？」
津井輝税理士：「医療費を支払ってすぐには支給されなくて、忘

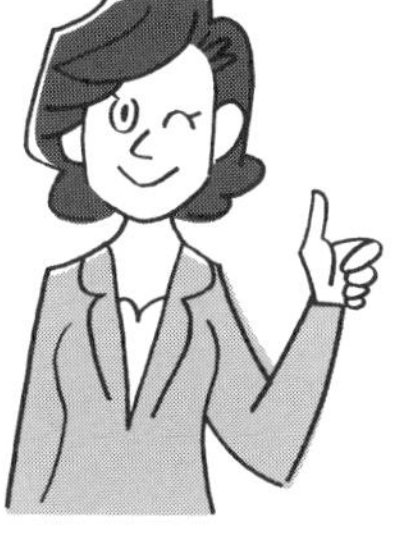

れたところに振り込まれるって感じかもしれませんが、場合によっては、支払った医療費以上に保険からお金が入ってることがあるみたいです」

真面目：「え〜、そうなんですか」

津井輝税理士：「お金の管理は奥さんがされてるって言われてましたよね」

真面目：「はい」

津井輝税理士：「じゃあ一度、奥さんに、医療費の給付金のことを確認しておいてもらえますか？」

真面目：「嫁は入院費がかかって大変だとは言ってたけど、そんなお金が戻ったなんて、聞いてないなぁ…」

元国税調査官
飯田真弓 税理士からの
おせっかいアドバイス

いつの頃からでしょうか。年が明けると、テレビでサラリーマンのための還付申告のことが取り上げられるようになりました。メインは、医療にかかった費用を控除できる医療費控除と、住宅を購入した場合の住宅ローン控除。

医療費控除については、現場の対応が少しずつ変わってきたと思います。筆者が国税に入った当初、30年前であれば、医療費控除は、病院で治療のために支払ったものがメインで、個人の判断で購入する市販薬は、常備薬で、治療のために購入したものではないという理由から医療費控除に該当しないとされていたのです。

その後、医療費控除は解釈が拡大されるようになり、風邪薬や鎮痛剤など、医師の処方箋がなくても買える薬も、治療のためであれば医療費控除に含めることができるようになってきました。

今回の、津井輝税理士と真面目さんの会話には、いくつか見直さないといけないところや確認を要する点があります。

まずは、インフルエンザの予防接種です。医療費控除の大前提として、治療のために要した費用ということが謳われています。予防接種はその字のとおり「予防」なので、医療費控除には該当しません。人間ドッグの費用も、原則的には医療費控除にはならないのです。ただし、平成29年からセルフメディケーション税制（医療費控除の特例）が施行されたので、医療費についても、領収書を残しておくようにお客様である経営者にお伝えしておくことが必要でしょう。

真面目さんは、居酒屋を経営していて、インフルエンザにかかってしまうと営業できなくなるので、そのために、インフルエンザの予防接種をしたと言っていました。もし、真面目さんが雇い主として、従業員がインフルエンザの予防接種を受ける費用を全額負担したというような場合であれば、必要経費に算入することができるかもしれません。

通常、従業員に対する経済的利益の供与については、給与として扱い、所得税の対象になるのですが、次の条件を満たす場合には、給与扱いではなく福利厚生費として経費計上することができるからです。

・**業務上必要なこと**

・著しく高額ではないこと
・希望する従業員全員分の費用を負担すること

従業員がインフルエンザで休んでしまったら、事業に少なからず影響しますよね。なので、予防接種は業務上必要であるといえますし、1回数千円ですから著しく高額でもありません。ルールを設定し、全従業員に通知をしたうえで、希望者全員が予防接種を受けられるようにすれば、福利厚生費として経費計上することが可能となります。

次に、離れて暮らす娘さんの医療費についてです。〝生計を一にする〟とはどういうことなのか。ここはしっかり理解しておくことが必要だと思います。娘さんに仕送りはしているけれど、アルバイトをしていて、扶養家族に入れないくらい稼いでしまっていたというような場合は、〝生計を一にしている〟と判断してよいのかどうか、疑問に思うでしょう。

〝生計を一にしている〟という文言は、日常的には使いませんが、個人で確定申告をする場合は理解しておく必要のある言葉です。平たくいうと、一つ屋根の下に暮らしているという感じでしょうか。お給料をもらって働いている子どもが親の家に住んでいる場合、〝生計を一にしている〟といえます。なので、その一家全員の医療費を合計し、医療費控除をして税金が最もたくさん戻ってくる人で申告することが可能なのです。

もう一つ、娘さんが入院したという話がありました。最近、傷害保険は、1日入院しただけでも給付金をもらえたり、入院はせず通院でも給付金を支給するタイプの保険もあるようです。少しタイムラグはあると思うのですが、入院した場合、保険から戻ってきたお金は差し引きしなければなりません。

支払った医療費よりも、戻ってきた給付金のほうが多くて、そのお金を申告しなければならないのかと心配に思われる方もいらっしゃるようです。入院給付金には課税されないので、そのままもらっておいて大丈夫です。

それから、真面目さんは、医療費控除の領収書は3月15日分までだと勘違いしていましたね。事務年度の話については、筆者自身が、国税に在職中、還付申告に来られた方が、年度と年分の違いが理解できず、話がかみ合わないまま、困ってしまったことがありました。その方は、子どもの頃からずっと、年度と暦年の年分について間違って覚えていたのです。長年、思い込んでいた間違いを税務署の窓口で指摘されたことで、その方は、自分のプライドを傷つけられたようなショックを受けて帰って行かれました。

所得税法は、1月1日から12月31日で一区切りです。お客様である経営者に対して、知らなかったことについて恥をかかせることのないように、配慮しながら説明することも大切だと思います。

ここまでのポイント

- 医療費控除は、1月1日から12月31日までに支払った医療費が対象です。一年のうちいつ医療費がかかるかわからないので、医療費の領収書は一年を通じて集めておくように、お客様である経営者にお伝えしておきましょう。
- 医療費控除の「セルフメディケーション税制」や、〝生計を一にする〟という概念についても、説明をしておきましょう。
- 入院をした場合に保険から戻ってくるお金は収入には含めませんが、どんなものでも、入金があれば知らせるように、お客様である経営者としっかりコミュニケーションをとっておきましょう。

顧客のギモン 13
「インフルエンザの予防接種は必要経費ですか?」

であるということを認識されているかどうか、そこのところは、最初の段階でしっかりと確認しておくことが必要でしょう。

法人の場合は「4月1日～翌年3月31日」となっている会社が多いかと思います。けれども、法人は自由に事業年度を決めることができます。創業の日が何かの記念日で、その日から事業を開始し、そこから1年間にしている企業も存在します。

個人事業主の場合、何かの手続で納税証明を挙げなければならない時に、「年分」と「年度」で戸惑うことがあるようです。たとえば、書類を提出する先の機関から、「平成30年度分の納税証明書」を求められたような場合です。法人の場合は、その法人が決めた課税期間を事業年度にできるので、「年度」の欄には、その法人の課税期間を記入すれば済むわけですが、個人事業主の場合は、「年度」ではありません。「平成30年分の納税証明書」ということになります。

納税証明書を請求するということは、事業を進めていく中で、何か大きな変化があるからでしょう。その際、お客様は、少しでいいので誰かに話を聞いて欲しいという気持ちを持っているのではないでしょうか。顧問の税理士さんには、お客様である経営者の身近な相談役として、日ごろから、愚痴も含めて何でも気軽に話せる関係を作っておくことが大切だと思います。

【コラム】

～経営者に税務知識を やさしく解説しよう～

その⑬「年度と年分」

昨年、平成から令和になり、筆者としては3時代を生き抜いたという点、感慨深いものがあります。今は、元号が変わったばかりだから覚えているけれど、いずれは西暦何年から令和になったのか、すぐには出てこないようになるのかなと思うと、ちょっと悲しくなったりします。

毎日、忙しく働く税理士さんや、お客様である経営者の皆さんは、カレンダーを見ない日はないと思います。それぞれに活動をしているわけですが、1年経ったらどこかで区切りをつけて、儲けの金額を計算し、納める税金をはじき出すのが税理士の務めということになります。

本当に基本的なことなのですが、お客様である経営者の方の中には、年分と年度について、理解されていない方がおられるようです。

そもそも、大手の上場企業の決算時期は3月が多いので、自分たちの個人事業も3月が決算であると思い込んでいる場合があります。また、3月15日が確定申告期限なので、3月までと勘違いされている方もおられるような気がします。

個人事業の事業年度は、暦年「1月1日～12月31日」までとなっています。まずは、顧問になった際に、お客様である経営者が、個人事業主の事業年度は暦年で1月1日から12月31日

顧客のギモン14

「個人と法人ってどう違うんですか？」

料理が好きで、でも、人に使われるのは嫌い。だけど、いきなりお店を持つなんてできないし…ということで、いろんなお店で料理人として腕を磨いてきた真面目一徹さん。いつかは自分の店を持ちたいという思いでやってきました。そのお店もやっと軌道に乗り、まあ、税務調査でちょっとお灸をすえられることはありましたが、瀬戸際税理士法人の津井輝税理士が担当になってからは、このままうまくいきそうな、そんな予感がしています。

そこで、真面目さんは、思い切って、津井輝税理士に今思っていることを相談してみようと思ったようです。

真面目：「津井輝先生。今日はちょっと今後のことで相談したいことがあるんですけど、聞いてもらっていいですか？」

津井輝税理士：「ええ、どんなことでしょう」
真面目：「お店を開業して5年目になったんで、そろそろ2店舗目を出すことを考えてるんですよ」
津井輝税理士：「そうなんですね」
真面目：「それで、2店舗目を出すタイミングで、個人事業主ではなくって、法人にして、社長になりたいなって思ってるんです」
津井輝税理士：「真面目さんから、そんな話を聞けるなんて、びっくりしました」
真面目：「なんで、びっくりなんですか？」
津井輝税理士：「いや〜、真面目さんは、数字のことはわからないって感じなのかなって、ずっと思ってたんで」
真面目：「それで…」
津井輝税理士：「個人事業主として、続けていかれるのかなと思ってました」
真面目：「法人って柄じゃないってことですか？」
津井輝税理士：「いえいえ、そういう意味ではないですよ」

真面目：「でも、法人にするって、難しいんでしょうね」
津井輝税理士：「簡単ではないですね」
真面目：「法人にしたら、信用ができて、お金を借りやすくなるとかって聞いたんですよ。そしたら、2店舗目を出す資金も調達できるってことでしょ。そんなことも含めて、津井輝先生に、色々と教えてもらえたらなって、思ってるんです」
津井輝税理士：「なるほど」
真面目：「あれ？ やっぱり、乗り気じゃないって感じなんですか？」
津井輝税理士：「今の時期は年末調整の仕事がたくさんあるし、年が明けたら確定申告で忙しくなるんで、ちょっと、無理かなって感じなんですよ」
真面目：「じゃあ、確定申告の時期が終わった4月ごろに、もう一度、相談させてもらってもいいですか？」
津井輝税理士：「そうですね。4月に入ったら、落ち着いてると思うので、その頃にゆっくり、お話を聞かせてもらえればと思います」
真面目：「ありがとうございます。じゃあ、そういうことで、よろしくお願いします」

元国税調査官 飯田真弓 税理士からの

おせっかいアドバイス

個人事業主のままで申告を続けるのか、法人にしたほうがいいのか。税理士であればよく受ける質問だと思います。ごまかすのはいけないけれど、納める税金は少ないに越したことはない。経営者であれば誰しもそのように考えると思います。最高税率は法人税のほうが低いため、所得金額が増えると法人にしたほうがお得、というのは、よく知られるようになりました。

真面目さんは、納める税金を少なくしたいという思いとともに、居酒屋の大将より、飲食店を経営する社長という肩書を持つことも自分のやりがいにつながると考えたのかもしれませんね。

一般に、法人成りするメリットは、真面目さんが考えているとおり「信用」と「節税」と言われています。まだまだ個人事業主の社会的な信用度は高くありません。中には、個人事業主とは取引していないという企業もあるようです。社会的信用度が向上するという点は大きなメリットになるでしょう。

また、人材採用の面においても、個人事業主よりも法人として求人募集をしたほうが、より優秀な人材を確保できる可能性が高まると考えられます。

節税面については、一定以上の利益額になると法人のほうが税率が低くなるという点がメリットになります。また、経費として認められる範囲も広まります。ある程度の事業規模になったら法人成りするとよいといわれている所以です。

でも、会社を設立するには、それなりの費用がかかります。それに、法人だと、赤字でも税金が発生したり、社会保険の加入が義務付けられたり、必要となる手続が増えるというデメリットもあるのです。

個人事業主のままでいるのか、法人にするのか。判断基準の一つに、消費税があります。法人成りのタイミングとしては、消費税の課税対象となる売上高が1、000万円を超えて、消費税の課税対象事業者になりそうな場合は、法人成りを検討する時期かもしれません。

ここまで、真面目さんが1年間でどれくらい売上があるのかには触れてこなかったのですが、法人成りのタイミングの話をするために、真面目さんの売上について計算してみようと思います。

真面目さんのお店は、4人掛けのテーブル席が2つ、カウンター席が5つあります。

開業して2年目の平成28年（2016年）当時、ランチ営業はしていませんでした。夜のみの営業で、1人当たりの単価は、食べて飲んで、5,000円程度でした。毎日8名くらいお客さんが来てほしいと思っていましたが、平均してみると一日6名程度。毎週日曜が定休日で、お正月元旦から4日までは休んで、お盆も3日間店を閉めていました。

平成29年からは、儲けが薄くなっても多くのお客さんに来てほしいと思い、ランチ営業を始めました。ランチタイムは、11時半から13時まで。13ある席が満席になることはないけれど、2回転はしていたので、少なくとも、10食は出ていました。ランチは一律800円。ランチ営業を始めた甲斐あって、夜のお客さんも少し増え、一日8名程度になりました。

ここで、気付いてほしいことがあります。

年間の営業日数
310日

平成28年当時の売上金額
5,000円 ×6人 ×310日＝9,300,000円

〈平成 29 年当時の売上〉

(800 円 ×10 人＋5,000 円 × 8 人) ×310 日
＝14,880,000 円

〈平成 30 年の売上〉

ランチが 20 食、夜は平均 10 名のお客さんが
来たとして計算

(800 円 ×20 人＋5,000 円 ×10 人) ×310 日
＝20,460,000 円

これらの金額にそれぞれ、税務調査で指摘された売上漏れ、家事消費分を加えることになるため、平成 28 年の売上は、

9,300,000 円＋985,500 円＝10,285,500 円
(147 頁参照)
となります。

真面目さんは、税務調査があったことで、平成28年分の売上金額が、1、000万円を超えることになったのです。

平成28年分の売上金額が1、000万円を超えたということは、平成30年は消費税の申告と納税をするべきだったのです。実は、真面目さんは、11月の税務調査の際、この点を調査官に指摘され、平成30年分の消費税の期限後申告書を提出したのでした。このことから、真面目さんは、法人成りするタイミングである、消費税の課税事業者になる時期を逸してしまったということができるのです。

ちょっとややこしくなってきたで

【参考】法人税の税率

<table>
<tr><th colspan="4" rowspan="2">区分</th><th colspan="3">適用関係（開始事業年度）</th></tr>
<tr><th>平 28.4.1 以後</th><th>平 30.4.1 以後</th><th>平 31.4.1 以後</th></tr>
<tr><td rowspan="4">普通法人</td><td rowspan="3">資本金 1億円以下の法人など</td><td rowspan="2">年 800 万円以下の部分</td><td>下記以外の法人</td><td rowspan="2">15%</td><td rowspan="2">15%</td><td>15%</td></tr>
<tr><td>適用除外事業者</td><td>19%</td></tr>
<tr><td colspan="2">年 800 万円超の部分</td><td>23.40%</td><td>23.20%</td><td>23.20%</td></tr>
<tr><td colspan="3">上記以外の普通法人</td><td>23.40%</td><td>23.20%</td><td>23.20%</td></tr>
</table>

しょうか。法人成りするということは、今まで事業活動をし、確定申告もしていた個人事業を一旦廃業し、新たに、法人格という権利義務の主体を作るということになります。なので、個人の資産を法人に引き継ぐ、売り渡すという手続が必要になってきます。

真面目さんは、11月の税務調査によって、消費税の課税事業者になりました。となると、今の段階で法人成りをすると、個人の資産を法人に売り渡した際の売上に対する消費税を納めなければならないということになるのです。

飲食店の場合、年間の売上金額が、1、000万円を超えない場合のほうが少ないと思います。飲食

店の経営者には、早い段階から法人成りをする気持ちがあるのかどうかを確認しておくことが必要です。法人成りを考えているという場合、個人事業主の間に消費税の課税事業者になってしまうと、法人成りの際に、課税所得が発生することも説明しておくべきでしょう。

消費税の課税事業者になる判定が、前々年の売上金額であるという説明をする際に、家事消費が売上として計上されているかどうかも、確認することが必要です。

真面目さんのように、税務調査が入ってから、前々年分の売上が1,000万円を超えていたとなった場合、所得税だけでなく、消費税も納めなければならないことになり、何のために法人成りしたかわからなくなるからです。

最初の真面目さんと津井輝税理士のやりとりでは、津井輝税理士は「4月になってから相談しましょう」とのんきなことを言っていました。これはちょっとダメな例です。

開業当初から個人事業主として飲食店を経営されている方に関与している場合、消費税の課税事業者になるタイミングと、法人成りのタイミングについては、注意が必要です。その判定の際には、家事消費分について確認することが必要です。

顧問の税理士として、お客様である経営者が事業を進める中で将来的にどんな展開を望んでおられるのか。常に一緒に考えながらコミュニケーションをとっていくことが、ムダな税金を払わずに済むことにもつながっていくのだと思います。

ここまでのポイント

●法人成りするには、タイミングがあるので、法人成りする意思があるかどうか、できるだけ早い段階で、経営者であるお客様に確認しておきましょう。

●法人成りする際に、いつの時点で消費税の課税事業者になるのかは重要なポイントです。消費税に関する届出書も、顧問契約した際に、確認しておきましょう。

●前の顧問税理士から引継ぎができていない場合は、お客様ご自身と一緒に、税務署に出向き、どのような申請書を提出していたかを確認しましょう。

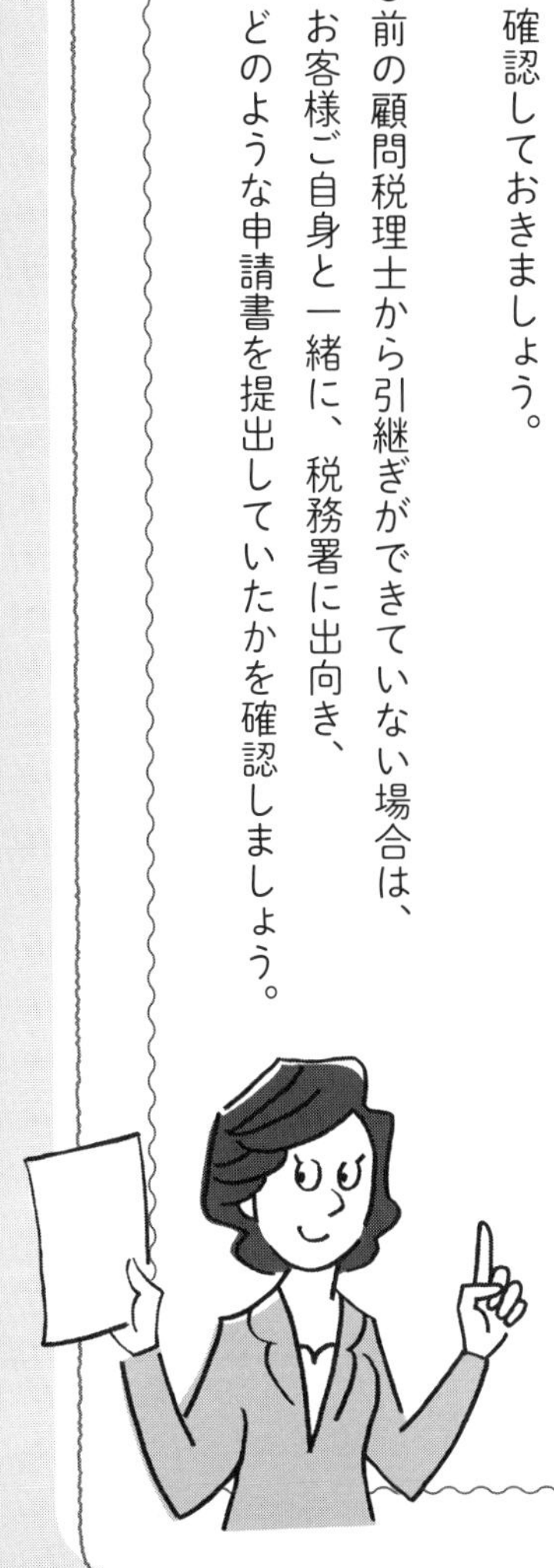

るということになるのです。たとえば、令和２年（2020 年）の売上が、何らかの理由で落ち込み、900 万円になったとしても、基準年の前々年である平成 30 年（2018 年）の売上金額は 2,000 万円で 1,000 万円を超えているので、消費税を納めなければならないということになります。

顧問税理士さんが途中で変わった場合、税務署にどのような申請書を提出しているのか、早い段階で確認しておくことが必要です。消費税に関しては、開業当初、還付を受けるため、課税事業者になるための届出書を提出している場合があるからです。

途中からお客様になった経営者の場合、それまでにどのような申請書を提出していたのか、ご自身がご存知ないということのほうが多いのではないでしょうか。以前の顧問税理士はどんな方なのか、税理士の資格をお持ちでない方の場合も含めて、一度、面談し、特に消費税に関しては、どんな申請書を提出済みなのかを確認する必要があると思います。

消費税の節税を実現する法人化のタイミング

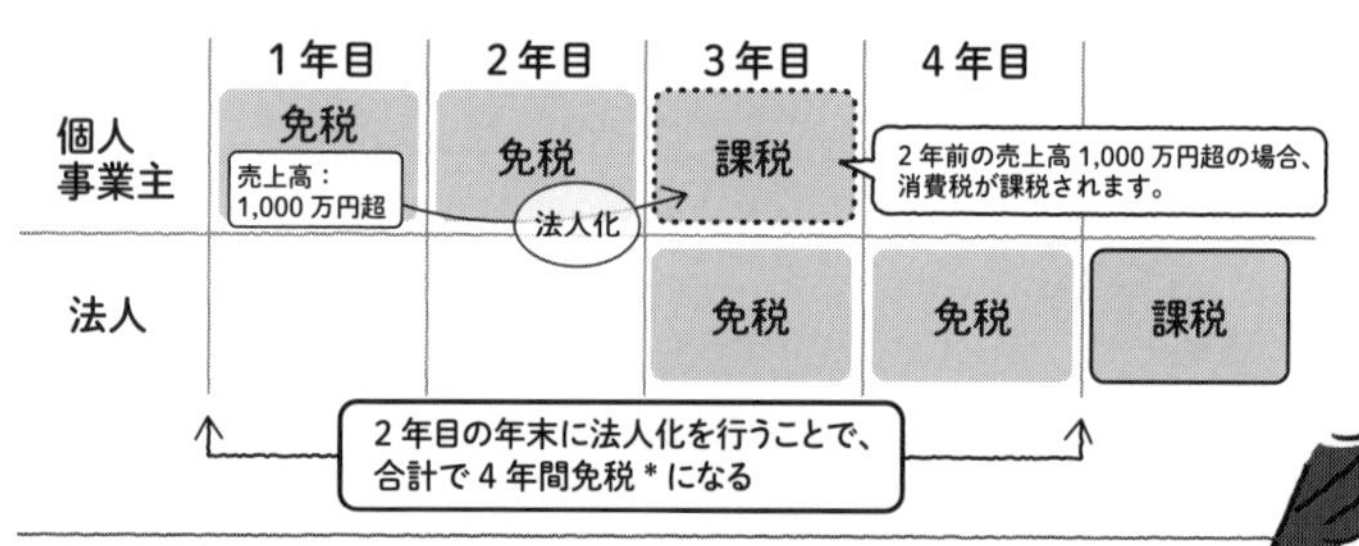

- 個人事業主で開業し、１年目の売上高が 1,000 万円を超える場合、２年目の年末に法人化することで免税期間を合計４年間とすることができます。
- 消費税は赤字でも納税義務が発生するため、負担が大きく、免税期間を最大限活用できるタイミングでの法人化をお勧めします。

＊免税にならない場合

1. 特定期間の課税売上及び給与の支払額が 1,000 万円超
2. 事業年度開始の日の資本金または出資の額が 1,000 万円以上
3. 特定新規設立法人に該当する場合

【コラム】

〜経営者に税務知識を やさしく解説しよう〜

その⑭「消費税の課税事業者」

経営者であれば、１年間の売上金額が 1,000 万円を超えると、個人事業主であっても、消費税を納めなければならないということは、ご存知かと思います。でも、消費税の課税事業者の判定時期については、あまり知られていないのではないかと思い、ここで、書いてみることにしました。

真面目さんのように、飲食店の場合、年の途中で開業したときには、１年間の売上金額が、1,000 万円を超えないこともあるでしょう。でも、２年目からは、1,000 万円を超えることがほとんどだろうと思います。そこで、売上金額が 1,000 万円を超えたその年から消費税を納めなければいけないと思っている方がいらっしゃるようです。

ちょっとややこしいのですが、消費税はその年の売上金額が 1,000 万円を超えたからといっていきなり納めるのではありません。前々年の売上金額が 1,000 万円を超えている場合に、消費税を納めるという決まりになっています。

令和元年（2019 年）の売上金額が、2,000 万円、その前年である平成 30 年（2018 年）の売上が 2,000 万円、その前々年である平成 29 年（2017 年）の売上が 1,500 万円の場合。

前々年である平成 29 年（2017 年）が基準年で、1,000 万円を超えているので、令和元年（2019 年）に初めて、消費税を納め

顧客のギモン15

「税務調査のお土産って用意しないといけないんですか？」

テレビのニュースを見ていると、本当に毎日いろんな事件が起こるものだなと感心してしまいます。2019年、印象に残っている事件といえば、菓子折りの底に小判が隠されていたというものでしょうか。これって、時代劇によくある「越後屋。おぬしもなかなかの悪じゃのぉ」の世界の話なの？ と思いきや、実際にあったというから驚きです。

まことしやかに語り継がれていることを「都市伝説」といったりするようです。税務調査に関しても、色々と「都市伝説」があるように思います。パソコンの普及により、誰でも、いつでも、どんなことでも発信できるようになりました。それを書いているのは誰なのか。何を根拠にそのようなことを言っているのか。情報を受け取る側が適切に判断しなければならない世の中になったと思います。税理士の資格を持っている人でも色々な考えをお持ちの方がいらっしゃると思います。最終判断は、お客様である経営者になると思うのですが、税理士としての自分のスタンスを確立しておくことも大切です。

真面目：「津井輝先生、この前の税務調査では、お世話になりました。追加の税金ですけど、やっと払うことができました」

津井輝税理士：「それはよかったです」

真面目：「ラウンジを経営してる友達がいて、そいつのところは、3年ごとに税務調査が入るって言ってるんですけど、そうなんですか？」

津井輝税理士：「3年ごとに来ることが多いみたいですね」

真面目：「そいつ、税理士に全部任せてるとは言ってるんですけどね。税理士からは、3年に1回は税務署が来るから、覚悟しておくようにって、言われてるらしいんです」

津井輝税理士：「覚悟ですか」

真面目：「追加で税金を払うことだと思いますよ」

津井輝税理士：「覚悟ねぇ。私は、覚悟させるより、指導するのが税理士の仕事のように思いますけど」

真面目：「その税理士は、私のほうでお土産を用意しておくので、3年後もまた、その分だけ修正申告す

るようにしましょうねって言うんだそうですよ」

津井輝税理士：「お土産、ですか」

真面目：「痛くもない腹をあれこれ探られるのは嫌でしょ、って」

津井輝税理士：「・・・」

真面目：「だから、間違ってるところを残しておいて、その分だけ追加で税金を払うように、税理士がしてくれるんだって言ってました」

津井輝税理士：「まぁ、税理士さんの考え方次第なんで、それはそれでいいのかもしれませんけど、どうなんでしょうかねぇ」

元国税調査官 飯田真弓 税理士からの

おせっかいアドバイス

税務調査の際の「お土産」については、どの地方で講演をさせていただいても、聞かれる質問です。そんなことがいまだに言われ続けていることを本当に残念に思っています。元国税調査官だった筆者から言わせてもらうと、そんなお土産ごときでごまかされて調査を終える調査官は、調査官の風上にも置けないと思います。本当にきちんと申告をしている場合、どんなにベテランの調査官であっても、実際に調査に行って不正を発見できず、修正申告に至らないということはあるのです。

お土産の話を耳にするようになったのは、国税を退職してからです。現職の調査官が、「私は手ぶらでは帰れないんです。何か持たせてくれませんか」

なんて、言うわけがないと思うのですが、国税にも越後屋はいるということなのでしょうか。まあ、冗談はさて置き、筆者は、税務調査に来られたら、必ず何か持ち帰ってもらわないといけないという考えは、顧問についてる税理士の側から生まれたのではないかと思っているのです。

それは、とある商工会議所の主催で、「税務調査対応策」と題して講演をさせていただいたときのことでした。一人の方が、質問をされたんです。

「飯田先生。実は私は、『税務調査の交渉術』というセミナーに参加したことがあるのですが、そのときの講師のD税理士が、税務調査の『お土産』についてお話をされたんです。私はその話に納得できなかったのですが、飯田先生はどのように思われますか?」

質問された方がおっしゃるには、その『税務調査の交渉術』というセミナーの中でD税理士は、

「税務調査に来られた際、根掘り葉掘り聞かれたりしないために『お土産』を用意しておくことをお勧めします」

と堂々とおっしゃったというのです。

筆者は、この時、耳を疑いました。税理士がセミナーと銘打って、そんなことを言ったりするのだろうか、わざと間違ったところを残しておくというような考えは、税理士法に反しているのではないだろうか、と。

税理士法の第1章　総則　第1条は《税理士の使命》として以下のように謳っています。

【第1条】

税理士は、税務に関する専門家として、独立した公正な立場において、申告納税制度の理念にそって、納税義務者の信頼にこたえ、租税に関する法令に規定された納税義務の適正な実現を図ることを使命とする。

筆者は、そのD税理士に直接会って話をお聞きしたわけではありません。なので、D税理士にどんな意図があってそのようなことを言われたのかはわかりません。けれども、そのセミナーを受講した方の中に、お土産を用意すればいいという考え方に違和感を持たれた方がいらっしゃったということは事実なのです。

一方で、こんなことがありました。筆者の処女作『税務署は見ている。』（日本経済新聞出版社）を読まれたEさんに質問をされました。

Eさん：「実は、今度税務署が来ることになったんです」
飯田税理士：「そうなんですか」

Eさん：「私としては何も悪いことをしていないし、間違ったところもないと思ってるんですが、本当に修正申告をせずに調査が済むということがあるのでしょうか」

Eさんは、とても不安な表情をされていましたので、次のようにアドバイスさせていただきました。

飯田税理士：「Eさんが、不安に感じられる気持ちはよくわかります。調べられるって、誰しもいい気がしませんものね。でも、ありのまま、見てもらえばいいと思いますよ。ただ、顧問の税理士さんによっては、何か直さないといけないと思い込んでいる方がいらっしゃるようです。なので、そこは注意して、間違いがないと思ったら、修正申告に応じないという意思をしっかり伝えることが大事だと思います」

後日、Eさんから連絡がありました。

「飯田先生、何も直すところはありませんでした。実は、本当に追加の税金を払うことなく、税務調査が終わることがあるんだろうかって、半信半疑だったんです。顧問の税理士さんは、何か修正申告をしたほうがいいのではないかと最後まで言われていました。でも、飯田先生の書かれた本を読んで、セミナーでお話しされていたことを思い出しながら、調査官に聞かれたことに答えていたら、何のおとがめもなく税務署の人は帰って行きました。本当にありがとうございました」

いかがでしょう。税務署が来たからといって、必ず追加の税金を払わないといけないことはないんです。税務調査があっても、修正申告に至らなかった場合のことを、国税当局は「申告是認」と呼び、申告是認の通知を発行しなければならないことになっています。

筆者は悲しいけれど、顧問税理士が「お土産」という都市伝説を使ってまで申告是認で調査を終わらせないようにするのには、理由があるように思っています。それは、税務調査の立会料です。昔は、税理士の顧問料や立会料は税理士会が決めていました。なので、税理士は顧問先と契約書を交わすことなく、仕事ができたわけです。税務調査で立会するのは当然であり、税務調査に立ち会えば、黙っていても立会料が入ってくるという仕組みになっていました。

それが、税理士も顧問料や契約料を自由に決められるようになってから、ちょっと話が違ってきました。

税務調査では、調査官が調査金額を計算します。顧問の税理士はそれを受け、税理士の視点で見直し、交渉に入ります。

税務調査で追加の税金が出る場合、交渉したことによって納める税金が少なくなれば、立会料も請求しやすいと思います。でも、追加の税金がないのに、立会料を請求するのは心もとないと思う税理士がいるとすれば、最初は少なめに申告をしておいて、調査に入られた時、自分が間に入ったことによって追加分が少なくなったことの報酬として立会料をもらうという図式が出来上がっていたとも考えられるのです。

あまり想像したくないのですが、税務調査は顧問先の3年に一度のボーナス、臨時収入と考えている税理士事務所があるのかもしれません。

別の話ですが、「都市伝説」絡みで披露させていただくと、国税の世界では、追加の税金をたくさん取ってきた調査官が出世するというような話もあるようです。もちろん、実際にはそんなことはありません。

国税の組織は警察とよく似ていると思います。警察の上層部は、極悪な殺人鬼をたくさん検挙した人で成り立っているでしょうか。違いますよね。国税もそうなのです。出世していく人は、内部の試験で成績のよかった人、上司に気に入られている人、でしょうか。管理職にもならず、40代で国税を後にした筆者がいうと単なるひがみととられ、説得力がないかもしれませんが…。

話を元に戻しましょう。先ほどの、津井輝税理士と真面目さんの会話の続きです。こんな風に話せばいいのではないかという例を書いてみました。

津井輝税理士：「税理士さんの考え方次第なんで、それはそれでいいのかもしれませんねぇ。私は、お土産を用意する必要はないと思ってます」

真面目：「そうなんですか」

津井輝税理士：「大先生から言われてるんです。今までのところで間違っているところがあるかもしれない。でも、うちが顧問をさせていただくようになったからには、そこからは、少しずつでも、正しい申告をするように指導させていただくこと。これが、経営者とともに、二人三脚で事業を発展させていくことにつながるんですよって」

真面目：「そうなんですね。私も、まだまだわからないことだらけですけど、これからも、よろしくお願いします」

津井輝税理士：「納税も一段落したということなので、今回の税務調査ではどんな点が指摘されて、何をどんな風に修正したのか。間違っていたけれど、調査官に説明して、今回は追加の税金に加算されずに済んだ項目はどれなのかなど、細かいことについて、一度、お話しさせてもらってよろしいですか」

真面目：「はい、ぜひ、お願いします」

実は、税務調査は、お客様である経営者と税理士の絆を強くするチャンスなのです。一旦、膿を出し切ったことで、新たな信頼関係が生まれると思います。追加でいくら税金を納めたかより、間違った部分について、今後どのように改善していくのがよいのかを本音で話し合える関係を持つことが、税理士にとって必要なコミュニケーション力なのだと思います。

ここまでのポイント

- 税務調査の「お土産」という考え方は捨てましょう。
- 税務調査の立会料については、お客様である経営者と十分に話し合い、事前に金額を決めておきましょう。
- 税務調査が終わって、納税が一段落したら、一度、お客様である経営者と反省会をしましょう。

その中で、こんな相談を受けたことがありました。税務調査の立会料についてです。「税務調査に立ち会ってほしいとは言っていないのに、税理士が来て、後日立会料を請求された。払わないといけないのだろうか」という相談でした。二代目社長さんだったのですが、調査としては何もおとがめがなかったのに、調査が終わってから、税理士から請求書が届いてびっくりしたというのです。

税理士は、「報酬規程」に謳われている立会料を請求したつもりでも、お客様である経営者は、お願いしたつもりがなく、月額顧問料に含まれていると思っているというパターンです。また、税理士報酬は低く抑えられた一方で、基本的な節税策が実行されていなかったり、適切な帳簿の作成がなされていなかったりといったケースもあるようです。

税理士報酬は任意で決められるようになりました。何をどんな風にすることで、いくらの金額を報酬として請求するのか。このことについては、顧問契約を結ぶ最初の段階で、お客様が納得されるまで、きちんとお話しして決めることが何より大切だと思います。

【コラム】

～経営者に税務知識を やさしく解説しよう～

その⑮「税理士報酬規程」

税理士の業界は、平成の時代に大きく変わった点があります。それは、税理士報酬についての部分です。若い世代の税理士さんはご存知ないかもしれませんが、かつて、税理士の報酬の相場は税理士会によって決められていました。「報酬規程」というのがあったんですね。もう、30年以上前の話になりますが、私が税務調査に出始めたころ、税理士事務所に行くと額縁に入れられた報酬規程が掲げられていることがありました。税理士の「報酬規程」は、顧客の売上高や資本金などをもとに一律に決められていたんです。それは、税理士の提供する顧問業務サービスの質は税理士によって差がないと考えられていたからなのかもしれません。

平成14年4月に「報酬規程」が廃止されました。税理士はそれぞれ自由に価格を設定することができるようになったんです。これには、インターネットの普及が大きく影響していると思います。顧客を獲得するために低価格路線を打ち出す事務所が増加したように思います。でも、年号が変わって令和になり、低価格の税務顧問サービスの品質は〝安かろう悪かろうである〟という話をちらほら耳にするようになりました。

税理士は永久ライセンスです。昭和の時代から税理士業を営んでいる事務所に顧問をお願いしている場合、契約書を作成せず「税理士報酬規程」に準じた報酬料金にしているかもしれません。

顧客のギモン 16

「『33の2』で書面添付すれば税務調査がなくなるんですか？」

さて、本書では、津井輝税理士が瀬戸際税理士法人で勤務税理士として働き始めた4月から、時系列で税理士事務所の仕事を紹介しながら、税理士として必要なコミュニケーション、回答力について考えてきました。いかがだったでしょうか。

最終章では、顧問税理士の到達点でもある、「書面添付制度（33の2）」について書いてみたいと思っています。

例によって、真面目さんと津井輝税理士の会話からみていきましょう。

真面目：「津井輝先生。この前、常連のお客さんから、税理士さんに書いてもらって、確定申告書と一緒に税務署に提出しておけば、税務調査に入られない書類があるって聞いたんですけど、ホントなんですか？」

津井輝税理士：「えっ、何のことでしょう？」

真面目：「あれ、津井輝先生、知らないんですか」
津井輝税理士：「そんな書類ありましたっけ？」
真面目：「ほら、ここに書いてるんですけど」
津井輝税理士：「どれですか」
真面目：「ここです。このネットの記事、見てくださいよ」
津井輝税理士：『33の2』のことですね」
真面目：「そうです」
津井輝税理士：「でも、これをつけてるからって、税務調査に入られないって保証はないんですけどねぇ」
真面目：「えっ、そうなんですか？」
津井輝税理士：「今のところ、うちの事務所では、『33の2』を申告書に添付して提出してるお客様はいないんじゃないかなぁ」
真面目：「どうしてですか？」
津井輝税理士：「手間がかかるっていうか、責任重大になるっていうか」
真面目：「それって、手抜きしたいからやってないってことなんですか？」

津井輝税理士：「そういうわけじゃないんですけど」

真面目：「じゃあ、私の申告書に、その『33の2』ってやつをつけてくださいよ。そうしたら、もう、税務調査に入られる心配はなくなるんでしょ」

津井輝税理士：「いや〜、そう簡単なものじゃないんですよねぇ…」

元国税調査官 飯田真弓 税理士からの おせっかいアドバイス

真面目さんは、「書面添付制度」のことを知って、津井輝税理士に『33の2』を書いてほしいと詰め寄っていましたね。

税務調査は、ある日突然電話がかかってきて始まります。都合が悪い場合は、日程の変更はできても、取消しとなることは滅多にありません。真面目さんは、昨年の税務調査でかなり懲りたのでしょうか。もう二度と、税務調査に入られるのは御免だと思っているようです。

税理士法第33条の2に規定される書面添付制度と、税理士法第35条に規定される意見聴取制度のことを「書面添付制度」と呼んでいます。これは、税務調査で問題になりそうな内容を税理士が申告前にチェックし、その内容を記載した書面を申告書に添付するという制度です。

『33の2』という書面が添付されていると、税務署が税務調査の事前通知を行う前に、税理士への意見聴取をしないといけないということになっています。いきなり臨場調査ではなく、税理士が面談をするというワンクッションが置かれることになるんですね。

昨今、ネット上では、いろんな人がいろんなことを言っています。書面添付についても賛否両論あるようです。資格を取ったばかりの税理士さんの中には、『33の2』について、どうすればいいのかわからないと思っている方がいらっしゃることも事実のようです。

これさえ付けておけば税務調査がなくなるというわけではありませんが、相続税申告の場合、書面添付の割合が高く、税理士との事前の面談で税務署の調べたいことがわかり、税務調査がなくなったという事例が多いようです。

実は、この「書面添付制度」、あまり普及していないという現状があるんです。それはなぜか。津井輝税理士も言っていたとおり、書類の作成に時間がかかり、その添付した書類の責任は税理士が負わなければならないからです。もし記載内容に事実と異なることがあった場合、税理士は懲戒処分の対象となってしまうこともあるからです。

税理士の業務に関する報酬の決め方が任意だ、という話は前の章で書きました。その手間を踏まえ、書面添付することに対して、別途料金を請求している税理士事務所もあるようです。一方、経営者に対して税に関する説明や指導をきちんと行っている税理士事務所では、経営者の税務調査の負担を減らすことということで、この書面添付を推薦しているところもあるようです。

書面添付制度が導入された当初、筆者は、まだ国税に勤務していました。書面添付をしているのに、税理士を通さず、納税者に直接接触することがあってはならないと、ファイルされた確定申告書を職員が総出で、一枚一枚めくり、『33の2』が添付されているかどうかの確認を行うという作業をしたことがありました。国税当局も書面添付についてピリピリしていたことを覚えています。

しかし、その後、書面添付で『33の2』さえ付けておけば、税務調査に選ばれないようだということを察知した税理士が現れます。内容がスカスカな『33の2』が散見され始めたのです。そのせいで、一時期、書面添付していても、厳しい税務調査が行われた時期がありました。ほんの一部なのですが、ずるいことをする税理士がいたことで、税理士全体が被害をこうむることになったわけです。

最近では、金融機関が、この『33の2』を添付している企業や個人事業主は、それ以外の方よりも税理士がしっかり関与していると考え、これらを優遇するサービスを発表するようになりました。書面添付をしている経営者には、金利を下げてお金を融資するというものです。

『33の2』は税理士が書くものです。けれども、それを完成させるためには、お客様である経営者ご自身にやっていただかなければならないことがたくさんあります。

そこで、書面添付の前におすすめしたいのが、「自主点検チェックシート」を活用することです。「自主点検チェックシート」は、納税協会、法人会が作ったもので、国税庁もその活用を奨励しています。

「自主点検チェックシート」では、経営者自身がチェックすべき項目を83上げています。

また、この「自主点検チェックシート」の活用法は、ユーチューブにもアップされています。

●https://www.youtube.com/watch?v=WOiH4d7YMwY&list=PLuSsTHqUxR3JKJMiYvV2LICSPRrfDePwY（2020年3月31日最終アクセス日）

でも、この「自主点検チェックシート」のユーチューブのアクセス数はとても少ないのです。落語家さんや俳優を使って、ドラマ仕立てにしてあって、内容はとてもわかりやすいのに、アクセス数が少ないのはなぜなんでしょうか。国税庁の広報不足も理由の一つかもしれませんね。

1本の時間は15分程度で、電車の移動中にスマホで見ることができます。この本を読まれている間にもちょっと覗いてみることができると思います。ぜひ、お客様である経営者と一緒にユーチューブを見てみてください。一度に全編見るのはちょっとしんどいと思うので、1編ずつでいいと思います。

1編観終わったところで、内容について質問があるか確認してみましょう。そして、その部分について、ご自身の状況をチェックシートでチェックします。できているところには、○を。できていないところには、辛口で×をつける。この作業を、お客様である経営者と一緒にやるとよいでしょう。

以降、「自主点検チェックシート」で×がついたところを重点的によくしていくことを心がけます。×の箇所が少なくなってきたら、今度は書面添付の話をお客様である経営者にしてみましょう。最初は、本当に添付するのではなく、税務署には提出しないけれど作成してみる、という活用の方法でいいと思います。お客様である経営者の方の負担にならない範囲で一緒に進めていきましょう。

法人に比べると、個人事業主のほうが「書面添付制度」の効果が実証され、普及が進みつつあるようです。「書面添付制度」を利用することの最も大きなメリットは、お客様である経営者自身の意識が変わるということだと思います。現に、真面目さんは、興味を持って、よりよい申告をしたいという気持ちになっています。

決算書や申告書の作成で使われるのは数字です。税理士はその数字から経営状況を読み取ることができても、経営者はなかなかわかりません。それを文章で表現するのが書面添付です。だからこそ、金融機関の融資担当が重宝がっているのだと思います。ほとんどのお客様の申告書に書面添付をしているという税理士法人の代表税理士さんは、申告書を提出する際、一番上に『33の2』を付けていると言っていました。ちょっとしたことなのですが、そうすることで、税務署に対しても、金融機関に対しても、ここまできちっと内容をチェックしていますということをアピールできるのだそうです。

当初は、税理士資格をお持ちでない方に申告書の作成を依頼していた真面目さんでしたが、瀬戸際税理士法人では面倒だからという理由で行っていなかった書面添付を自らやりたいと申し出るまでになりました。それは、担当である津井輝税理士が、毎月、面談する中で、親身になって真面目さんの経営に関する相談に乗っていたからだと思います。

これまで、二人のやりとりを読んでくださったみなさんは、津井輝税理士が何か特別なことをしたという感じは受けなかったと思います。ただ、お客様である真面目さんの目線で一緒に考えることで、無理なく、適正な申告のお手伝いができたのではないでしょうか。知ったかぶりをするのではなく、まずは、お客様である経営者の気持ちに寄り添うこと。そのようなスタンスでいることが、お客様である経営者とのコミュニケーションを良好にし、税理士としての回答力を高めることにつながっていくのだと思います。

ここまでのポイント

- お客様である経営者が、書類の保存方法などに興味を持たれた段階で、「自主点検チェックシート」の存在を説明しましょう。
- お客様である経営者が「自主点検チェックシート」の活用に慣れてきたら、『33の2』についても説明してみましょう。
- 確定申告書に添付するかしないかにかかわらず、『33の2』を作成する方向で、お客様である経営者と二人三脚でよりよい経営を目指していきましょう。

〜税法に限らず、お客様である経営者のお困りごとを聴かせていただくんだ！〜

そういうスタンスでお客様である経営者と接し続けることが大切だと思うのです。

選ばれる税理士であり続けるために、あなた自身の税理士としての使命について、今一度、考えることも必要でしょう。

【コラム】

～経営者に税務知識を やさしく解説しよう～

その⑯「税理士の使命」

税理士法は、第１条で、
「税理士は、税務に関する専門家として、独立した公正な立場において、申告納税制度の理念にそつて、納税義務者の信頼にこたえ、租税に関する法令に規定された納税義務の適正な実現を図ることを使命とする。」
と、税理士の使命について規定しています。

税理士に与えられた使命は、
・独立公平な立場で、
・申告納税制度の理念にそって、
・納税者の信頼にこたえて、
・納税義務の適正な実現を図る
となっているのです。

けれども、昨今、税理士は今後なくなる仕事に挙げられているようです。コンピューターが帳簿を作成し申告書が出来上がる時代になったからでしょう。

本当に税理士は必要なくなるのでしょうか。

経営者にとって、税理士は一番身近な法の専門家です。もしかすると、それは税法で解決できることではないかもしれません。

経営者であるお客様は、常に決断を迫られています。一人でなかなか決めることができないときは、誰かに話を聴いてほしいと思うのではないでしょうか。

税理士事務所あるある④

実は、税理士事務所の結婚が一番大変なんです…。

今回は税理士の「結婚」のお話です。「結婚」とは、いわゆる税理士事務所同士の合併のことですが、なぜ結婚するかというと事情は様々です。

税理士業界は、寡占化が進み、大手事務所による小規模事務所のM&Aは、近年ますます加速傾向にあります。大手事務所からすると、事業を拡大できるし、対応可能な業務やエリアも増やせるので、積極的に取り組んでいるところもあります。【税理士事務所あるある②】でお話ししたように、一旦、独立したものの、自分で生計を立てることが困難であったり、思ったような事業拡大ができずに苦しんだりしている場合は、大手事務所の買収に応じることもあります。

開業税理士の年齢を見ると、60代以上が全体の6割強を占めています。年齢を重ねても、元気でご活躍されている所長先生もたくさんいらっしゃるのですが、高齢化が進んでいることは否めません。

お客様である経営者も、高齢化によって世代交代が行われます。代替わりすると、会計事務所に求めることも変わってきます。AIの進展やビジネスモデルの多様化によって、経営の仕方そのものが変わっているのですから、当然といえるでしょう。このお客様の求めに対応できずにいると、【税理士事務所あるある③】で触れた税理士変更の対象になってしまうわけです。

顧問先・関与先が減少していくことを避けるため、まだ体力もあり、資金繰りが危うくならないうちに、事業承継を考え、他の事務所と結婚を考えるケースも多くなってきているように思います。

結婚する場合、所長同士は合意のもとなので、一見、問題なく進められているように見えます。けれども、従業員の方はそうではないようです。考えてみれば当たり前のように思います。それは、人間同士の結婚とは違って、対等な関係性での結婚ではなく、規模の大きなほうが、小さなほうを吸収するという場合がほとんどだからです。

大きな事務所では、業務のルールや所内での物事の進め方が決められていることが多く、吸収される側は大きな事務所のやり方に合わせることを強制されます。場合によっては、これまで使用していた会計ソフトも使えなくなります。ソフトもやり方も、当然、人事評価方法も変わる。これでは、ほとんど新しい事務所に転職するのと変わりません。

一番大変なのは、これまでの顧問先に説明に行くときでしょう。何年も同じやり方で進めて来たのに、「新しい事務所のやり方に合わせて、今までのやり方を変えてください」と説明をしなければなりません。これって、考えるだけでも恐ろしいですよね。

その結果、どうなるか。吸収された事務所の従業員が、退職していくということになるのです。従業員の雇用を守るため、顧問先へのサービスを継続させるために選んだ結婚のはずなのに、元所長は、従業員も顧問先も失うことになってしまうのです。

結婚前に、先生と従業員がしっかりコミュニケーションをとって、新しい事務所に合わせるところ、自分たちのやり方を貫くところを、十

顧客のギモン16
「『33の2』で書面添付すれば税務調査がなくなるんですか?」

分に話し合っておけば、このような事態は避けられるのではないでしょうか。お互いの事務所が今までのやり方をまったく変えずに業務を行うことができるのはまれでしょう。だからこそ、結婚が一番難しいといわれるのではないかと思います。

Ｃｒｅｄｏ税理士法人では、

●飲食専門の税理士法人なので、飲食業界のお客様を支援されている事務所とのみ結婚を考える
●同じように飲食専門の事務所があれば、一緒に切磋琢磨できるだろうと考えている
●飲食専門というブランドづくりのためや、他の業種に〝浮気〟するような方からのお誘いであれば、独身を貫く

結婚に関してはこのように考えています。これは、事務所の結婚は、自分の事務所の在り様をしっかりと持ったうえで考えることが大切だと思っているからです。

さて、今後、瀬戸際税理士法人も他の税理士事務所と合併することがあるのでしょうか。津井輝税理士は、瀬戸際税理士法人の二人目の税理士として、お客様である経営者とも、一緒に働く従業員の方々とも、しっかりとコミュニケーションをとり、回答力に長けた良い税理士になるよう頑張ってほしいと思います。

おわりに

最後までお読みいただきありがとうございます。

いかがだったでしょうか。

「税理士って、こんなことまで、いちいち説明しないといけないものなの…？」

と、いう感想を持たれたかもしれませんね。

筆者は、26年間、国税で仕事をする中で、たくさんの経営者とその顧問をされている税理士さんにお会いしてきました。それはどんなシーンかというと、ほとんどが「税務調査」という緊迫した場面でした。

筆者が担当していたのは、所轄の税務署での一般調査と呼ばれるものです。その大半は、事前通知をしての調査でした。税務調査を進めていく中で、調査対象となった経営者の方にお話を聴かせていただくと、最初から、ごまかしてやろうと思っていた人はほとんどいなかったと記憶しています。

「毎日、毎日、汗水垂らして自分で稼いだお金だ。儲かった分だけ、そのまま税金で持っていかれるっていうのもなあ。これぐらいなら、許してもらえるだろう」

最初は、経営者のほんのちょっとした気の緩み、出来心から、ということなんだろうと思います。でも、初年度、税理士さんにバレなかったとなると、次の年も、また次の年も、ごまかし続けることになるのです。

「もう、今年は本当のことを税理士さんに言わないと、いよいよ、つじつまが合わなくなってきたぞ」

経営者がそんな風に思っていると、ちょうど税務署から連絡が入り、税務調査に入られるというパターンが多かったようにも思います。

「先生に言ったら怒られるし、早く税務調査に来て欲しいと思ってたんです。これで、やっと肩の荷が下りました」

税務調査が終盤を迎えると、心の内を語られる経営者の方もいらっしゃいました。

税務調査の際、経営者が席を立ったタイミングで、調査官である筆者に耳打ちする税理士さんがいました。

「私は、前から言ってたんですけど、ここの経営者は、ちっとも言うことを聞いてくれないんですよ。ほんとに、私も手を焼いていたんです」

お客様の不正に対し、自分はきちんと指導してきた、自分には何の責任もないということを主張する税理士、結構いました。

もともと、不正の原因は税理士に追及されるべきものではないのですが、お客様である経営者が理解できるような説明の仕方をせずに、通り一遍な話をしてきた税理士が、このようなことを税務調査の場面で言っていたように思います。

税務調査の際には、調査対象者である経営者の方が、

「私がお金を払っているのに、いったいどっちの味方なんだ！」

と、顧問の税理士に食って掛かり、調査官の目の前でケンカが始まることもありました。

そうなんです。

税務調査に選ばれる案件というのは、顧問税理士さんとお客様である経営者とのコミュニケーションが良好でない場合が大半だったんです。

どうぞ、難しい試験を突破して、税理士になられたみなさん。その知識を、何も知らない経営者の方の目線に合わせて、説明してあげて欲しいと思うのです。

経営者は、税理士は先生と呼ばれるくらいだから、必ず、自分よりも偉い人だと思っています。

「こんなことを聞いたら怒られるかも」

とか、

「こんなことも知らないのか、と思われたら恥ずかしい」

と思っているんです。

お客様である経営者のプライドを傷つけることなく、正しい申告に導くには、お互いのコミュニケーションを良好にすることから始めるしかありません。

「こんなことまで言わないといけないの？」

と思うことがたくさんあるでしょう。

でも、そこは、税理士のほうが相手と同じ目線に立って、お客様である経営者がきちんと理解するまで、しつこいくらいに話をすることが大切だと思うのです。

経営者は孤独です。

税理士は、経営者にとって、命の次に大切なお金の相談ができる、身近な法の専門家です。難しい法律を並べたてる前に、経営者のお困り事は何なのか。お客様の気持ちに寄り添って、聴かせていただくことが何より大切だと思います。

この本を読まれたことをきっかけに、税理士さんは、お客様である経営者としっかりコミュニケーションをとって、その方が理解できるように説明できる回答力を培ってほしいと思っています。

最後に、本書の執筆にあたって、Ｃｒｅｄｏ税理士法人の皆様、そして、清文社の編集担当の杉山七恵様には、大変お世話になりました。

税理士に特化したコミュニケーション本が出来上がったことを大変嬉しく思っています。

奇しくも、本書の校了間際、２０２０年春、新型コロナウィルス感染症の影響により、日本経済は多大な影響を受けることになりました。確定申告の時期が延長されたり、中小企業や個人事業主が「持続化給付金」を受けられる措置がとられたりしています。

税理士のみなさまのもとには、すでに、色々な相談が持ちかけられていることと思います。今こそ、税理士のコミュニケーション力が問われる時だと感じています。

お客様が困っている時に、親身になって話を聴かせていただくこと。それこそが、選ばれる税理士の〝回答力〟につながっていくと信じています。

プロフィール

飯田真弓（いいだ まゆみ）

税理士、産業カウンセラー、健康経営アドバイザー、日本芸術療法学会正会員。

初級国家公務員（税務職）女子1期生。男女雇用機会均等法の申し子。

26年間、7つの税務署で、のべ700件に及ぶ税務調査に従事しながら、二人の子どもを育てあげた。

在職中に放送大学で心理学を学び、認定心理士の資格を取得。

2008年、こころの健康維持増進を図る事業を始めるため国税を退職。

2012年、一般社団法人日本マインドヘルス協会を設立し代表理事に就任。

全国の法人会・納税協会、税理士会、企業団体や組合などでの講演は、関西弁でテンポよく、わかりやすいので、リピートする団体も多く好評。

表現療法を元に考案した参加型の社員研修は、眠くならず、楽しみながら社員同士のコミュニケーションがよくなり、一りひとりのモチベーションもあがり、企業の業績アップにもつながっている。

著書、『税務署は見ている。』、『税務署は3年泳がせる。』（ともに日本経済新聞出版社）は累計9万部のロング＆ベストセラー、他に『B勘あり！』（日本経済新聞出版社）、『調査官目線でつかむ セーフ？アウト？税務調査』（清文社）がある。

Credo税理士法人

飲食店のサポートに完全特化した税理士法人として、2015年に設立。2019年にCredo社会保険労務士事務所、Credo Partners株式会社を併設。財務、税務、資金調達、労務管理、各種コンサルティングなど、飲食店経営に関する悩みを総合的にサポートしている飲食店専門の士業グループの一つ。飲食店の独立開業支援も積極的に行っており、開業前のコンセプト作りから、経営者と二人三脚で日々繁盛店づくりに邁進している。

特に、飲食店オーナーの経営判断に役立つ存在であることを重要視し、資金調達を中心とした財務戦略の立案と実行サポートに強みを持つ。業種特化だからこその、他では真似できないサービスを提供しており、飲食専門No1を目指して急成長中。

また、開業予定者・飲食店経営者向けのセミナーも積極的に行っており、飲食店の財務戦略・経営管理ノウハウ等に関する各種メディアへの寄稿実績も豊富に持つ。著書に『飲食店専門税理士が教える 飲食店経営で成功するための「お金」のことがわかる本（日本実業出版社）』がある。

顧客目線」「嗅覚」がカギ！
選ばれる税理士の“回答力”

2020年6月15日　発行

著　者　飯田 真弓／Credo税理士法人 ©
発行者　小泉 定裕

発行所　株式会社 清文社
東京都千代田区内神田1－6－6（MIFビル）
〒101-0047　電話03(6273)7946　FAX03(3518)0299
大阪市北区天神橋2丁目北2－6（大和南森町ビル）
〒530-0041　電話06(6135)4050　FAX06(6135)4059
URL http://www.skattsei.co.jp/

印刷：亜細亜印刷㈱

ISBN978-4-433-73680-4